決算書編（新会社法対応）

なぜ、社長のベンツは4ドアなのか？

元銀行員の
会計コンサルタント
小堺 桂悦郎

まえがき

なぜ、決算書がわかると、「世の裏側」が見えてくるのか？

「世の裏側」を知れば、人生はうまくいく！

あなたがこの本を手に取ったということは、

「会計のこと知っておいたほうがいいのかなぁ」
「やっぱ、決算書って、ビジネスパーソンにとって重要かなぁ」
「出世・転職・就職でうまくやっていきたい」
「（もしもあなたが社長、経理担当、銀行員なら）決算書のこと知らないとヤバイよなぁ」

…などと、思ったからかもしれません。

確かに、会計を知れば、**仕事**や**プライベート**でもオイシイ思いができるようになるでしょう。**出世**したり、**営業成績**が上がったり、良い**就職・転職**、**株式投資**で大儲け、**会社経営**もうまくできるでしょう。さらには、話すだけで頭が良さそうに見えて異性にも**モテまくる**かもしれません。

そう思った方に、**とても残念なお知らせ**があります。

会計は難しいです！

でも、決算書なら難しくありません。決算書といわれるものは数多くありますが、本書で解説する「損益計算書」「貸借対照表」「キャッシュフロー計算書」だけであれば、コツさえつかめれば**「数字嫌い」の人でも簡単に理解**できます。

本書は「会計用語」や「数字」も少なく書かれています。

『なぜ、社長のベンツは四ドアなのか？』が売れた理由

おかげさまで拙著『なぜ、社長のベンツは四ドアなのか？』は会計本としては異例の大ベストセラーになりました。その理由は、私にはわかりません。
でも、多くの人々から
「今まで何度も会計本に挫折してきたけど最後まで読めて、しかも、わかりやすかっ

たです」
「会話調の文体が読みやすく、笑いながら読めました」
「会計がわかったことで、仕事が楽しくなりました」
「会社の後輩や新入社員から尊敬されるようになりました」
「営業先の社長との会話が弾むようになり、仕事がうまくいきました」
「転職活動の面接でベンツ本の知識を使ったら採用されました」
「会社経営をしているので、節税や資金繰りにとても役立ちました」
「銀行との交渉に役立ちました」
「株式などの投資に役立ちました」
「ベンツ本を読んで世の中のカラクリがわかりました」
「温かみのある登場人物たちのおかげで、会計を身近に感じるようになり仕事が面白くなりました」

…というような声をいただきました。

だから、前作のようなノリで「決算書」の本を書けば、多くの人の役に立てると思ったのです。

その理由は簡単です。「決算書」なら誰でも理解できるからです。

決算書のカラクリが「世の裏側」をあぶり出す！

しかも、決算書がわかれば、イロイロなものが見えてきます。

決算書は本当によくできています。とくに本書で説明する「損益計算書」と「貸借対照表」の関係は本当によくできていると思います。

決算書を知ることで、

「何が儲かるのか」「何がオイシイのか」「どの会社が儲かるのか」

「誰が儲かるのか」「誰がオイシイのか」「どの業界が儲かるのか」

が必ず見えてきます。

プロローグでは、前作である『なぜ、社長のベンツは四ドアなのか？』に登場した社長さんたちのエピソードを通して**「会計と決算書の面白さ」**を説明します。

第一章では、**「損益計算書の基本的な読み方」**を説明します。とりあえずおさえておきたいポイントですね（会計に詳しい人は読まなくてもいいかも）。

第二章では、**「貸借対照表の基本的な読み方」**を説明します。これもおさえておきたいポイントですね（会計に詳しい人は読まなくてもいいかも）。

第三章では、**「損益計算書と貸借対照表のヒミツの関係」**を説明します。**通常の決算書の本に書かれていないコツ**を紹介します。

第四章では、**「損益計算書と貸借対照表のキケンな関係」**を説明します。**「粉飾」**のカラクリを紹介しながら決算書への理解を深めてもらいます。

第五章では、**「キャッシュフロー計算書の基本的な読み方」**を説明します。また、**「資金繰りのカラクリ」**も説明します。

どうぞ、「難しい」と感じたら読み飛ばしてください。

娯楽小説でも読むつもりで気楽にいきましょう。

元銀行員の会計コンサルタント　小堺桂悦郎

もくじ

まえがき　なぜ、決算書がわかると、「世の裏側」が見えてくるのか？

・「世の裏側」を知れば、人生がうまくいく！――2
・『なぜ、社長のベンツは四ドアなのか？』が売れた理由――3
・決算書のカラクリが「世の裏側」をあぶり出す！――5

プロローグ　実録！ベンツ社長たち

・社長のベンツはホントに四ドアなのか？――16
・社長のベンツはホントに中古なのか？――17
・ここで決算書が登場！――19
・年商の四倍の借金のある旅館はホントにつぶれないのか？――21

・ベンツ数台のイケイケ会社登場！――23
・いきなり一億の赤字――25
・「粉飾」承ります！――26

第1章　なぜ、社長はベンツを売るとトクなのか？　〜損益計算書の基本〜

・会計コンサルタントの朝――30
・ウチの会社、どうでしょう？――34
・これが現金商売だったとしたら――38
・「利益＝売上－経費」ではない？――42
・在庫についてのヒドイ話――45
・商売やめたほうがいいんじゃない？――47

・敗者復活?——51
・ベンツを売って儲けたら…——53
・ベンツ買っててよかったね!——54
・脱税しましたか?——56
・中古のベンツを買いましょう!——59
・中小企業には関係ない?——61
・中小企業がつぶれると銀行は儲かる?——63
・結局、損益計算書って——65

第2章 ベンツはどこへ… ~貸借対照表の基本~

・本当はこっち——68
・バランス、バランス、バランス——72

・あなたの会社は破綻してます！――76
・でも、中小企業はつぶれない！――77
・現金商売じゃないから難しい――80
・危険な危険な受取手形――82
・粉飾バンザイ社長――83
・ベンツはどこへ？――85
・ホントに借金ないんですか？――87
・長い借金、短い借金――91
・これが経営分析？――93

第3章 なぜ、借金三〇〇〇万円を利益三〇万円の会社が返せるのか？
～損益計算書と貸借対照表のヒミツの関係～

・またまた登場？悪夢の旅館――100
・決算書は水晶玉――104
・その借金、本当に返せますか？――108
・じゃぶじゃぶ――111
・バランスシートの変化を体験――114
・足りなければ借りればいい！――118
・使えない金――122
・ベンツを買っておくと便利かも…――126

第4章 ホントの決算書、ウソの決算書
〜損益計算書と貸借対照表のキケンな関係〜

・「お願いします！粉飾おしえてください！」——130
・失礼ですが、その粉飾はバレバレです！——132
・利益はこうして細工する！——136
・あっちも、こっちも——140
・吹きだまり——143
・粉飾するには在庫をいじる？——147
・ホントかウソかは闇の中——152
・一度いじれば粉飾地獄——155

第5章 ベンツ買っちゃった！でも…

～キャッシュフロー計算書の基本と使い方～

・キャッシュフロってどんな風呂？――158
・単なる金の出入り？――160
・財務と借金――166
・買っちゃった…――167
・ビジネスローンで株やっちゃった…――169
・子会社へ飛ばせる？――174
・オカシイといえばオカシイ――176
・金が回るかが勝負――178
・キャッシュフロー計算書と資金繰り表――181
あとがき――184

プロローグ　実録！ベンツ社長たち

社長のベンツはホントに四ドアなのか？

「コザカイさん、社長の車はホントに四ドアじゃなきゃダメなんですか⁉」

いや、あの、決してそういうことじゃなくって…

「ウチの社長はハッチバックなんですけど…」

いやだから、単純にドアの枚数が問題なんじゃなくってですね…。

おかげさまで、じつにイロイロなところで質問をいただくようになりました。たくさんの方に拙著『なぜ、社長のベンツは四ドアなのか？』を読んでいただいて本当にうれしい限りです。

確かに、社長の車がベンツじゃなくても全然かまわないし、四ドアじゃなくてもかまわない。

『なぜ、社長のベンツは四ドアなのか？』で私が書いたのは、会社の金でベンツを買うなら「四ドア」で「中古」のほうがいいんじゃないのっていう提案だ。

四ドアの理由は、二ドアよりは社用車として税務署に認められやすいから。もちろん、二ドアでも税務署に認められる場合もある。たとえば、車を題材にしたマンガを書いているマンガ家が二ドアのスポーツカーを経費として認められた場合もある。

でもね、普通は二ドアの車を会社で使ってるっていうのは無理があるような…。

社長のベンツはホントに中古なのか？

それに、どうせベンツを買うなら「中古」のほうがいいんじゃないってことも書きました。

その理由は減価償却の耐用年数の問題。詳しくは60ページで触れるが、車を会社で買った場合、その代金を全額一年で経費にはできない。新車の場合は六年、中古車の場合は新車時から経過した年数を六年から引いた額が経費になる（これが「耐用年数」)。
たとえば、三年落ちの車なら耐用年数三年。では、六年落ちならゼロ年ってわけじゃなく二年になる。

ということは?

一二〇〇万の新車のベンツと一二〇〇万の六年落ちのベンツでは、どちらが得かを考える。新車の方は一二〇〇万を六年で経費にするから、毎年二〇〇万円ずつ経費になる。一方、中古車の方は二年で経費にするから毎年六〇〇万を経費にできるわけ。
そうすると、利益が出ている会社なら、毎年六〇〇万を経費に使える中古車の方が得だっていうこと。

だから、中古のベンツが売れてるのかなあ?
だから、「四ドア」で「中古」のベンツを買おう!

ここで決算書が登場！

でもね、会社経営をやってると、決算書の良し悪しが問われる場面が数多くあります。代表的なのは、銀行から借金をする場合。今は、決算書が赤字だったりすると、すぐに貸してくれなくなったりするんです。

だから、決算書の見かけが重要になってくる。

そうすると、金を借りてベンツを買った場合、その借金は「借入金」として貸借対照表（第二章で説明）に載ってしまう。

当然、「借入金」が多い決算書もカッコ悪い。だって、借金が多いってことだから、当然ですよね？

だからね、ローンを使うんですよ。銀行以外の。車のディーラーのローンでもいいかな。そうすると、**不思議なことに借金が借金じゃなくなるんですよ。**

そう、借金が借金じゃなくなる！

ローンは決算書では「未払金」として処理されるんです！「借入金」よりは「未払金」のほうが、決算書を見る側の印象が全然違うし、場合によっては機械や設備を買ったものと思ってくれるかも（決算書には「ベンツ買いました」って載らないからね）。

でもね、もっとカンタンな方法もあるんです。それは「リース」。リースなら、「賃借料」として決算書に載るんです。リースにすれば、コピー機なんかと同じ感覚で経費で落とせるから経理処理もカンタンですね。

このように、会社の会計っていうのは、経費の処理の違いだけでいろいろあるわけです。しかも、本書で解説する「決算書」にいたっては、いろいろな処理の方法があるので、しっかり「決算書の読み方」を知っておいたほうが何かと得なことが多いんですよ。

年商の四倍の借金のある旅館はホントにつぶれないのか？

「年商二億五〇〇〇万円で借金一〇億円の旅館があるんですか？」

そう、そんな旅館も存在するんです！

カンタンに話せば、金さえ回ればつぶれませんから。「資金繰り」ってやつです。金が足りなくなったら、借りてくればいいだけ。

「でも、赤字だと銀行は貸してくれないんじゃ…」

絶対じゃないけど、赤字だと貸してくれないかな（というか、そういう苦しい会社が銀行から借りられるようにアドバイスするのが私の仕事なんだが）。

でもね、借金が多いからって赤字とは限らないんですよ。利益が出てても借金返済が追いつかないなんてことはザラですからね。

ここで重要なのは**「決算書の赤字」**と**「資金繰り上の赤字」**は違うってこと。つまり、決算書が赤字だろうが債務超過（↓71ページ）だろうが、資金繰りさえつけば会社はつぶれないってこと。

もちろん、上場企業が債務超過になれば倒産してしまう可能性が高いですが、中小企業はつぶれません。ましては、こんな借金だらけの旅館の社長だって**ベンツ乗ってますからね。**

だから、「決算書をどう見るか」というのが重要になってくる！本書で主に解説する決算書の「損益計算書」（↓第一章）と「貸借対照表」（↓第二章）を見れば、

「会社がどんな状態なのか？」
「資金繰りは大丈夫なのか？」

なんてことまで、わかってしまうんですよ。

ベンツ数台のイケイケ会社登場！

話は変わって、ベンツ数台を社用車にしているイケイケ会社の登場だ！

でも、私がこの会社と最初にかかわりを持ったのは、

「三〇〇〇万なんとかしないと倒産してしまいます！」


という状況からだった。

話はカンタンで今まで売上も右肩上がり、資金繰りも回っていたので銀行との付き合いもほとんどなし。ここまで聞けばうらやましい話だが、いきなり倒産の危機に直面して私の出番となったわけ。


この会社は、特殊な業種のためにお客さんから前金をもらうというビジネスモデルで成長してきた。そのために、売上が伸びる限り手元の資金も増える状態が長く続いた。

ところが、売上が止まったとたんに、一気に資金繰りが苦しくなった。

なぜか？

この会社は、金はあったが、それほど儲かっていなかったということ。前金をもらうビジネスモデルのため、儲かってる感じがしたが、実はたいして儲かっていなかったということ。

売上が伸び続けている間はそれでいい。ただ、売上の伸びが止まったら、それほど儲かっていなかった。でも、儲かっていると思って金を使ってるから、金が足りなくなってしまう。

だから、足りない分は銀行から借りれば余裕のはずでした。

ところが、銀行は貸してくれません。

さっきの旅館に比べたら、全然余裕のはずなのに…。

いきなり一億の赤字

ところが、この会社は銀行から貸してもらえなかったのである。

直前期の決算書では、損益計算書が一億円の赤字、貸借対照表は債務超過だったからである。銀行だって、たいした付き合いのない一億円の赤字の会社に金は貸せない！

でも、結果的には、借りることができました。

なぜか？

私が損益計算書と貸借対照表を見る限り、この会社は重症じゃなかった。

なぜなら、損益計算書の赤字のうちの七〇〇〇万円が「特別損失」の「固定資産除却損」というやつで、今やらなければいけないものではなかった。つまり、これをやらなければ、三〇〇〇万円の赤字だった。

しかも、貸借対照表を見れば、今までの蓄積してきた利益は三〇〇〇万円。だったら、債務超過にはならないんじゃない？

結局、この会社は、銀行との交渉の末、金を借りることができ倒産を免れた。

ここでの教訓は、

「儲かっているか損しているかは金の出入りだけではわからない」
「でも、決算書を見れるようになれば、金の出入りもわかってしまう」

ってこと。

「粉飾」承ります！

そういえば、拙著『なぜ、社長のベンツは四ドアなのか？』に登場してくれた建設業のK社長なんかは、決算書にもっと詳しくなったほうがいいかもね。

K社長は、銀行から金を借りたいがために、決算書までいじってしまうという大胆な社長さん。

決算書をいじる？

そう、「粉飾」ってやつです（もちろん、悪い事ですよ）！

でもね、赤字の会社は金を貸してもらえないなら…ということで、K社長はいろいろいじったわけ。それは、もう面倒な作業ですけどね。そのために借金までしてるんですから。

粉飾をやるにはそれなりの知識と手間が必要なんですよ。だから、粉飾の視点から決算書を眺めてみると、決算書がよくわかってきたりするんですね。

それはそうでしょ？

「ある数字をいじれば、ある数字も変わって」っていうのが、決算書なんですから。

決算書の仕組みを学ぶのにはもってこいってことで、第四章では粉飾の視点から決算書を解説しました。

ということで、プロローグが長くなってしまいましたが、いよいよ

『なぜ、社長のベンツは四ドアなのか?~決算書編~』

がはじまります。

気楽に楽しんでください。

第一章　なぜ、社長はベンツを売るとトクなのか？

～損益計算書の基本～

会計コンサルタントの朝

プルルル、プルルル…。

朝八時半。

いきなり携帯が鳴った！と同時にファックスがうぃ〜んと動き出した。B社長からの電話だ。

創業一三年になる小売業を営むB社の損益計算書だ。平成一八年の決算書ができあがってすぐに私にファックスを送ってきた。

「コザカイさん！乗りましたよ！三億に！届きましたファックス？見ていただきました？」

見ました見ました。よかったですね〜B社長。年商三億まできましたか。苦節五年、よくぞここまできましたよね…。

「いやー…ほんと、売上、五年前の倍になりましたねー…利益も出るようになったし…」

ほんとね、五年前は八〇〇万の債務超過（↓71ページ）。ちょうどいまごろでしたっけ…私が『借金バンザイ！』という本を書くのに、フォレスト出版の編集の人の取材受けてもらったの…。

「え？あ…そうそう、そうでした…編集の人に会ったのはおぼえてますよ。そりゃもう自転車操業クラブの四番ですから！」

自転車操業クラブっていうのは、私のクライアントの中でも借金で大変だった人たち。そんな中のBさんがいまや売上が倍で利益が出るように。

あれ？Bさん、歯切れ悪いよね。もしかして、そのころの決算書の数字、おぼえてないの？

「な、なにをおっしゃいます。おぼえてますよ、自転車操業クラブなんですから！別名、債務超過研究会って言ってたじゃないですか！」

いや、おぼえてないな。

だいたい、決算書ができたって言って、損益計算書だけ送ってくる人がどこにいますかって！損益計算書だけでどんなコメントできるっていうんですか！

「ストッープッ！ストップ。わかりました。ちゃんと貸借対照表も送ります。いますぐ全部送ります。」

お、役員報酬も…大台乗ったんじゃないっすか！

「決算書」とは？

決算書とは、会社のお金の使い道を集計し一覧表にまとめたものです。つまり、どれだけ儲けたか、会社の経営状態がどうなっているのかを示すのが決算書です。通常は決算日を設け、１年ごとに期間を区切って作成されています。決算書の主な書類として、貸借対照表、損益計算書、キャッシュフロー計算書、株主資本等変動計算書…などいくつもありますが、専門家でもない限り下記の３つがわかれば十分です。

＜決算書の種類＞

損益計算表（P/L）

１会計期間の損益を示したもの

貸借対照表（B/S）

決算日時点の財政状態を示したもの

キャッシュフロー計算書（C/F）

１会計期間のキャッシュの出入りを示したもの

ウチの会社、どうでしょう？

私は講演や研修の講師として全国あちこち行くことがあります。そうすると、その休憩時間や終わったあとのわずかな時間できまって聞かれるセリフがこれ。

「うちの会社…どうでしょう？」

立ち話でいきなりたった一枚の損益計算書を見せられ、どうって聞かれましてもねぇ…。せめて貸借対照表くらいもってきてほしいなぁ。

そうはいっても、経営者であればもっとも気になるのは損益計算書。売上があって、そこから原価や経費を差し引いて、残ったのが自分の会社の利益。それがひと目でわかるのが損益計算書。

上場企業であれ、私ひとりでやってるような会社であれ、損益計算書の基本的フォームはいっしょです。計算式も足し算と引き算だけ。小学生の低学年であれば理解でき

損益計算書（P／L）とは？

●損益計算書

売上高	120,000,000	商品を売ったらココ
売上原価	97,000,000	商品の仕入れ費用
売上総利益	23,000,000	
販売費および一般管理費	27,000,000	販売のための費用（広告宣伝費など）
営業利益	－4,000,000	
営業外収益	1,500,000	営業に関係ないもの（利息など）
営業外費用	900,000	
経常利益	－3,400,000	
特別利益	4,400,000	臨時的に発生したもの（ベンツを売った代金など）
特別損失	500,000	
税引き前当期純利益	500,000	
法人税、住民税および事業税	200,000	
当期純利益	300,000	ココが会社の最終利益!!

る構造です。

では、その損益計算書を真っ先に見るポイントは何か?

ズバリ、一番下の「当期純利益」。

売上高を最初に見るんじゃないですよ。売上の大きさが気になるでしょうが、そこをぐっと我慢して、当期純利益を見るんです。

ここがまず黒字になってるかどうか、これがもっとも大事でしょう。

黒字って?そうそう、当期純利益が出ている状態のことを俗に黒字といい、その反対を赤字といいます。

赤字、つまり「損」をしている状態のことで、損益計算書の表記では当期純利益の数字の前に△のマークがつきます。

当期純利益がマイナス…それって損失のことじゃん!

そう、そのとおり。

というわけで、損益計算書は真っ先に一番下の当期純利益を見る。あとはその利益の金額が、売上高に対してどうよ？ってことです。

ある研修の講師をしたとき、ある参加者の方から損益計算書を見せられました。年商（年商というのは売上高のこと）が約一億二〇〇〇万で当期純利益が三〇万くらいだったかな。

一億二〇〇〇万の売上高があって、その最後の結果が、三〇万の利益ですか…どう思います？と、私は当の本人に聞き返しました。

「ぜんぜん…ダメ…？…ですよね」

ダメ、とは言いませんけど、ねぇ…。

これが現金商売だったとしたら

損益計算書の見方の基本は、**「これが現金商売の結果だったとしたら」**という視点で見るのです。

自分は簿記や会計や税金のことはよくわからない、だから見たってわからないんだ…こういう意識は捨てましょう。

計算式が表記されてないだけで、しょせん足し算と引き算だけです。

上から順に売上という名目でその数字が全部お金で入ってきたと想像しましょう。

そこから売上原価も販売費及び管理費もお金で支払ったと仮定しましょう。

営業外収益？

なにか本業の売上以外で儲かったのかな？くらいのつもりで。

営業外費用？なんだろう？その中に支払利息とあるぞ。銀行から借りているお金の利息かな？

そう、そのとおり。

それぞれ、売上から差し引く順番が決まっていて、その段階ごとに一度その差し引きの答えを出しているのです。

その段階ごとの答えの前に、「○○利益」とついているのです。

その最後の答えが当期純利益。

それが、売上高に対してどうよ？って話ですね。

とりあえず、赤字か黒字かといったら黒字のほうが良いに決まってます。だけど、それが売上高に対して、その利益じゃどうなんだろう…ってことですね。

これが経営者として一年間精いっぱいやった結果としてだったら、赤だろうが黒だろうがいたし方ないんじゃない？っていうのはありますよね。

年商一億二〇〇〇万に対して三〇万の黒字（当期純利益）…いいんじゃないですか、損してないんだし。面白いか面白くないかといったら、そりゃ儲かってる実感はないでしょう。

でも、それでも三〇万のお金は残ったわけだ。

そう、損益計算書に書いてある数字のとおりにお金が出入りしたとして見たら、たとえ売上に対し小さい数字だとしても、その分のお金は残ったわけだ。

じゃあ、逆に損失の場合はどうなるんだろう？

計算書上は、損失の場合、利益に△（マイナス）がつくのはわかる。マイナス計算を習うのは小学校じゃなかったでしたっけ？中学になってからでしたっけ？引き算がマイナスになる…たぶん小学生には説明することができませんよね。算数上はありえても、現実には売上以上のお金を支払うことはできない。

さあどうしたんだろう？

入ってくるお金（売上）より、かかった費用を支払うお金のほうが多い…理論上ありえても現実的には不可能です。

銀行から借りてきたんじゃないか？とか、手元の預金が減っただけだろとか言わないで、話はゆっくりいきましょう。

すぐそっちにいっちゃうから損益計算書がますますわからなくなるんですって。

せっかくの損益計算書、一年間の営業の結果です、そのとおりにお金が動いてないほうがおかしい、そう思いましょうよ。

利益の種類

利益には、売上総利益、営業利益、経常利益、税引前当期純利益、当期純利益の５つがあります。売上総利益は、会社の本業の売上高から売上原価を引いたものになります。売上原価は、小売業では仕入原価（仕入価格）、製造業では人件費を含む製造や工事にかかった費用のことです。

営業利益は、売上高総利益から「販売費及び一般管理費」（事業に使った費用）を引いたものです。会社の本業における利益を示します。

経常利益は、営業利益に営業外損益を加減したものです。営業外損益とは、本業以外の財務活動による損益で、収益面では預金や貸付金から生じる受取利息、受取配当金、雑収入、損失面では借入金の支払利息などがあります。

＜５つの利益＞

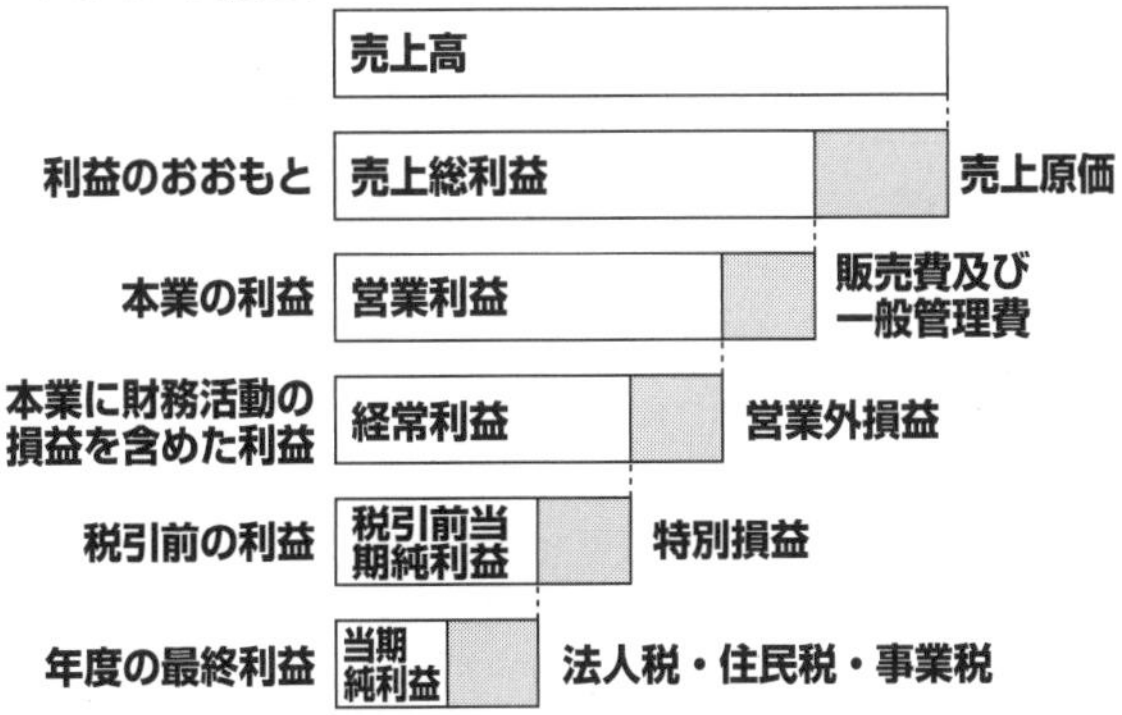

「利益＝売上－経費」ではない？

実は、損益計算書というのは、売った代金で入金された数字だけをカウントするのではなく、あくまでも売った段階で（未入金だとしても）売上高として計上されます。同じように費用のほうもたとえ支払った金額だけでなく未払いの費用も計上します。

でも、もし、損益計算書一枚だけを目の前にしたら、そんなことわかります？その会社が掛け売りをしてるのか、仕入も掛けでしているのか、損益計算書だけ見てわかりますか？

わかりませんよ。

どんな専門家の人であっても、損益計算書だけから、そんなことはなにひとつわからない。そこの社長が給料いくらとっているのかもわかりませんよ。

ならば、見たまま判断するのが正しい見方じゃないんですかね？

ではそういう見方で改めて損益計算書を見てみると、たとえ一〇〇％現金商売・現金仕入だったとしても、よくわからないという場所が損益計算書にあります。

そこは、**「売上原価」**。

この売上原価という大項目の中に、必ず仕入高というのがあるでしょう。そして、その仕入高をサンドイッチするように、期首棚卸高《たなおろしだか》と期末棚卸高という項目があります。

棚卸高というのはいわゆる在庫のこと。

つまり、売るために（売ろうと思って）仕入をしたんでしょうけれども、売上から差し引くのは売れた分だけにしてくださいよ、っていう計算式がここです。


初めてお店を持ちました。お店に商品を並べるために仕入れました。その一年の終わりにお店に並んでる商品を数えました。金額も調べました。それが期末の在庫です。

損益計算書の売上原価の項目の中の、期末棚卸高という項目がそれ。

初めてお店を持ちましたと書きましたが、会社でいうと設立した一年目（一期目）だけは期首棚卸高という項目はない。その翌年の損益計算書からは前年（前期）の期末棚卸高と翌年の期首棚卸高に同じ数字がきます。

二年分の損益計算書を並べて見て、もしこの数字が違ってたら大笑いですけどね。

売上原価とは？

売上高	480
売上原価	320
期首棚卸高	100
当期仕入高	300
期末棚卸高	80
売上総利益	160

売上原価＝
　期首棚卸高＋当期仕入高－期末棚卸高

なので

↓

320万円＝
　100万円＋300万円－80万円

ということは、いくら売ろうと思って仕入をしても、あくまでも売れた分しか売上から差し引くことはできません。

たとえ明日売る分だけ前日の夕方仕入れてきた（買ってきた）にしても、期末在庫としてカウントしなければいけない理屈にはなりますね。

その売れた分の在庫（売上原価）を売上から差し引いたものを売上総利益といい、損益計算書を見るべきポイントの当期純利益に次ぐ二番目の利益といえるでしょう。

通称「粗利（あらり）」といいます。

商売（事業）をやっていく上での基本的な利益（儲け）といえます。

在庫についてのヒドイ話

もうね、売上総利益の段階で、現金商売といえども、支払った分（仕入れた分）のお金を売上から差し引くわけにはいかないんですよ。

ひどい話だと思いませんか？

売れた分だけ仕入れればいいのなら誰も資金繰りで悩みもしないし、仕入れた分を全部売上から差し引けるのなら、誰も損益計算書の見方で頭も痛めないでしょうね。

そして、同じ商売を同じように続けていくのであれば、その在庫は期末だけではなく、毎月末、あるいは毎日、必要であろうことも想像できますね。

もし、当期純利益三〇万の会社が設立一年目の会社で、期末棚卸高が三〇万だったとしたら？

仮に現金商売の会社の損益計算書だったとしても、残ったお金はゼロ！

その意味、もうわかりましたよね。

もし期首在庫があったとしたら、期末在庫との差額分、期末が多ければその分お金が出て行ったということだし、その逆であれば（期末在庫が期首より減れば）その分利益以上にお金が余ったといえるでしょうね。

もし、期末在庫が期首より大幅に増えていたとしたら、在庫資金の負担をどうしたんだろうなぁ…くらいのことは想像しなきゃいけませんよ。

その逆だったら…？同じ人が同じ商品を売っているのに、去年（期首）よりなんでこんなに在庫が減るの？いったいなにがあったの？

実は去年は粉飾でもしたの？

どちらにしても、この期首在庫と期末在庫の動きには要注意です！

商売やめたほうがいいんじゃない？

そして、売上総利益の下に出てくるのが、販売費及び一般管理費の合計です。もちろんこれにはその明細としてもう一枚あります。

販売費及び管理費…長いですね。略して販管費（ハンカンヒ）といったり、もっと大雑把に一言「経費」といったりします。

そして、これらの費用の合計を売上総利益から差し引いたものを営業利益といい、

地代家賃
土地、建物等の不動産の賃借料。

賃借料
機械、車両運搬具、器具備品等の使用料、リース料。

保険料
工具、器具、備品、車両運搬具等に対する保険料や、役員、従業員を対象とした生命保険料。

寄付金
いろいろな団体への寄付。

修繕費
建物や機械などの有形固定資産の機能を維持、管理するために支出する費用。

減価償却費
有形固定資産のその年度の価値の消滅分を一定の計算方法により算出したもの（→60ページ）。

貸倒損失
受取手形、売掛金、貸付金などの債権が回収不能になったときの損失額。

旅費交通費
通勤手当、出張旅費、電車代、バス代、タクシー代など。

通信費
ハガキ、切手、電話料金などの通信に要した費用。

水道光熱費
電気、ガス、水道、冷暖房費用など。

主な販売費および一般管理費

役員報酬

役員に対する給与のうち、賞与、退職金以外のもので、定期的に支給されるもの。

給与手当

従業員に対する給与、手当のこと。

賞与

従業員に支給した賞与（ボーナス）。

退職金

従業員の退職の際に支給した退職金。

法定福利費

社会保険料や労働保険料などの法令に基づいて会社が負担し、支払う費用。

福利厚生費

健康診断料、社内慶弔見舞金、社員パーティーなどの社員の福利厚生のために要した費用。

消耗品費

１０万円未満の工具、器具、備品および消耗品の購入費用。

事務用品費

伝票、印刷代、ゴム印、用紙代などの事務上必要な消耗品の購入費用。

車両費

ガソリン代などの所有車両の維持に要した費用。

支払手数料

送金手数料、リベート、弁護士や税理士への報酬、登記料など。

広告宣伝費

広告料や広告制作などで必要になった宣伝費用。

租税公課

固定資産税、自動車税、印紙税などの税金。

接待交際費

得意先および仕入先等との会食、中元、歳暮、社外慶弔見舞金など業務上必要な関係先との交際に要した費用。

図書研究費

業務上必要な新聞、雑誌、参考図書等の購入費用および研修、セミナーに要する費用。

諸会費

商工会議所、同業者の協同組合などの業務運営上必要な関係団体に支出した会費。

会議費

業務上必要な打ち合わせに要した費用。

雑費

今までの販売費および一般管理費に該当しない項目。

ここが赤字だったら…商売やんないほうがいいんじゃない？っていうくらい決定的な赤字ですね。

たとえ、当期純利益が黒字だったにしても、ここが赤字だったら…ねぇ。

敗者復活？

なぜ営業利益が赤字だったらダメなのか？

だって、その下の項目を見てください。営業外収益ってあるじゃないですか。営業外？営業の外…営業活動の外の利益って意味でしょ。

それってつまり、たまたま入ってきた収益？

収益って言葉がまたわかったようなわからないような言葉ですが、売上との違いはといいますと、原価もかかってないし、それに対して費用もかからない儲け、って言っておきましょう。

定期的か不定期かという基準でもありません。

仮に、定期的に入ってくるものであっても、仕入もないし、費用もかからないし、ましてそれを目的に活動してるわけでなければあくまでも営業外ということになります。


そして営業外費用。

この代表が、銀行などからの借入利息の総称である支払利息ということになります。

これはもう、経営者のほとんどが、支払利息だって立派な経費の中のひとつだよ！っていう心情でしょう。

でもね、銀行から借金してまで経営するかどうかというのは、あくまでもアナタの勝手…ということですよ。

それにもし、支払利息を一般費の中に含めたら…冗談じゃない！絶対営業赤字になる！な一んてことだってありえるでしょ。


そうやって、営業利益に差し引きした結果を経常利益といい、略して「ケイツネ」。

先の営業利益に対して、経営上の利益という考え方もできますから、ここが赤字だったら致命的ですね。

営業赤字が△でここで経常が黒字…いってみれば敗者復活の利益ってやつです。

ベンツを売って儲けたら…

ここまでがどんな会社・業種でも経営上起こりえる利益のすべて。その下にまれに特別利益や特別損失というのがありますが、これはもう想定外の出来事、ってやつですね。

「あれ？買ったベンツを売って儲けた（利益を出した）場合は固定資産売却益といって特別利益に含めるって」

と聞いてきたのは、N社長。年商七億円、飲食業の社長さん。

特別利益（損失）、特別というくらいですから、めったにこの項目が出てくることはありません。

その代表的なのが、固定資産売却益（損）でしょうか。

ここで気をつけたいのは、売却額そのものを表示するのではなく、あくまでもその差額だけを表しているということです。

残存価格六〇万（決算書上の価値）のベンツが五〇〇万で売れれば四四〇万の売却益として、あるいは二〇万にしかならなかったとすれば四〇万の売却損ということ。

車に限らず、固定資産すべてそういう扱いだし、単に廃棄した場合なども廃棄損として残存価格をここにもってきます。

ベンツ買っててよかったね！

だからN社長、ベンツ売ったお金は固定資産売却益だから。だめだよ雑収入じゃないよ。ケイツネを黒くしたいのはわかるけど。

確かに、営業で赤、ケイツネでも赤だと、銀行の評価は悪くなるけどさ（評価が悪くなると銀行から借りられなくなる可能性が出てくる）。だからって、ベンツ売って儲かったのを雑収入に入れるのはやめようよ。

いいじゃん、固定資産売却益でプラスになっても。

それこそケイツネの赤字の経営責任とって車両運搬具のベンツ売って利益出しました！って堂々としようよ。

ベンツ買っててよかったよね。

これ、ベンツじゃなかったら、絶対売却益なんか出なかったよ。

ま、その分、過去の減価償却費も大きかったけど…。

それはそれで、節税になってたんだね。

業績の良いときはベンツの償却費で節税して、悪くなったら残存簿価以上で売却して益出しをする…なるほど！


営業利益が会社としての本業の利益を見る項目。経常利益は本業に付随したおまけを含めた会社全体の利益。

そこまでで赤字だったのが、もし固定資産を売って利益を出してたとしたら…リストラ利益とでもいうのかなー。

だって、本当に業務に必要な固定資産であれば、売るに売れないですからね。売ってもかまわないよけいな資産を持っていた…という見方もできますね。

逆に、わざわざ損してまで固定資産を売却したとしたら…経常利益で黒字だったら、それは節税目的かな？儲かったから、ここで昔買ったよけいなモノを思い切って処分しちゃおうか、とか。

とにかく、利益が出ようが損が出ようが、売ってもかまわないモノを持っていた…ってことですね。

脱税しましたか？

ここまでの足し算と引き算の結果を税引前当期純利益といいます。

わざわざ税引前、っていうくらいですから、儲かったら（利益が出たら）税金がかかりますよ、ってことですよね。

この下に、法人税等、あるいは法人税充当額とか、そういう表示で出てくるのがそれ。税引前の利益に対する税金って意味です。

さて、では気になる税金のお値段は…およそ、とても乱暴ですが、税引前当期純利益に対し、三割から五割の数字がここに出てくるのが目安です。

もし、それよりも少ないとか多いという場合は…なにかある。

とくに、前期損益修正益が大きく出ていて、さらに法人税等が利益に対し五割以上に膨れ上がっていたとしたら…税務調査が入って訂正されたな、と思ってほぼ間違いないでしょう。

え？過去の利益に対しても三割から四割じゃないの？

いえいえ、ペナルティがつきますから。

後になればなるほど、悪質であればあるほど、修正された利益とほぼ同額の税金になってしまいますよ。

ちなみに、税引前の利益が出ているにもかかわらず、法人税等がない、もしくはきわめて少ない金額でキリのいい数字の場合は、過去において赤字があると思っていいでしょう。

脱税したかはバレる？

●損益計算書

経常利益	1,000,000
特別利益	
前期損益修正益	10,000,000
税引き前当期純利益	11,000,000
法人税等	6,400,000
当期純利益	4,600,000

前期損益修正益とは？

前期に税務調査に入られ修正申告をした場合などに、法人税・住民税および事業税の下に出てくる。
ちなみに、ペナルティは、延滞税＝１４．６%、重加算税＝３５～４０%です。

中古のベンツを買いましょう！

ここまで、損益計算書の中の利益について見てきました。ここからは、販売費及び管理費の中でもお金の出て行かない費用の代表の減価償却費と引当金について見ていきます。

もちろん他の費用の中でもひょっとしたらまだ払ってない費用もあるでしょう。でもそれはいずれ払わなければいけないだけで、払わなくてもいいわけではありません。

まずは、誰がなんといおうと、お金が出て行かない費用が「減価償却費」。

減価償却費とは、社用車や自社の建物などの固定資産を一定期間で徐々に経費にしていく費用です。たとえば、ベンツを六〇〇万円で買った場合に、毎年一〇〇万円ずつ経費にするという感じです。

これがあるということは、なんらかの固定資産、それも建物とか機械や車、そういう形のある資産があるというのがわかります（土地は減価償却できません）。

さすがに、どんな固定資産があるのかまでは想像できませんが、金額が大きければ高額のものであろうとは想像できますよね。

「減価償却」とは？

会社で使用する備品で、1年以上使用でき、かつ10万円以上するものは、経費として一括で処理することができません。例えば社用車や自社の建物などがありますが、こうしたものを固定資産といいます。

固定資産は使用期間が長いため、一定期間で徐々に経費にしていくことになります。これを減価償却といいます。なお、経費にしていく一定期間を耐用年数、その年に経費となった金額を減価償却費といいます。減価償却費の計算方法には、以下の2つがあります。

①定額法：購入費用×90%×償却率

②定率法：（購入費用－前期末までの償却費の累計額）×償却率

なお、耐用年数は資産ごとに法律で定められています。例えば耐用年数が4年のノートパソコンを20万円で購入したとします。①の定額法で計算すると、償却率は100÷4で25%になります。ですから、その年の減価償却費は20万×0.9×0.25＝45,000円となります。

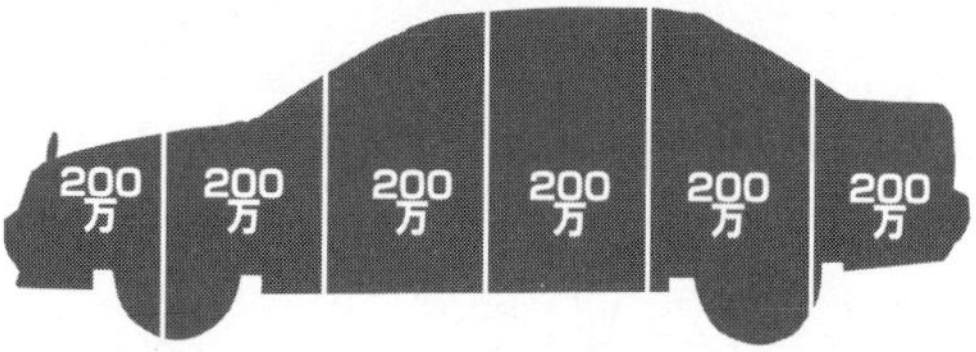

簡単に言うと、耐用年数6年のベンツの新車（1200万円）を買うと、毎年200万円（1200万円÷6年）が経費になる！

たとえば一二〇万の車を六年で割ったとしたら二〇万の減価償却費にはなるでしょう？（正しい定額法の減価償却の計算は違います）。

中小企業には関係ない？

同じくお金の出て行かない（払う必要のない）費用の代表格が貸倒引当金でしょう。

これ、中小企業の決算書ではめったにお目にかからない科目ですが、上場企業（とくに銀行なんか）の決算にはよく出てきます。

たとえば、私のコンサルティングの分野でいうと、銀行の貸倒引当金というのがありますでしょ？

「融資先の業績が悪い」→「融資金の返済が危なくなる」→「その業績の悪化程度によって引当金をちゃんととりなさい！」

そういう論法です。

がしかし、税務署のルールは別だから税金は払わなくてはいけない。ふんだりけったりだと思いませんか？

引当金とは？

将来起こるであろう費用に備えて、その発生見込額を年、費用に計上する

例

貸倒れや退職金支払いが起こったときのために備えておく。貸倒引当金繰入、退職給付引当金繰入など。

つまり、税引前の利益が△なのに法人税が発生するんですよ！

おかしいでしょ？

不良債権の貸倒引当金に対する税金は、融資先の業績が回復すれば貸倒戻し益が発生し、その分の税金も戻すから、いつか戻すことのできる税金だから繰延税金として資産に計上していい、ということになったんです。それが税効果会計なんですって！（税効果会計については、詳しくは触れません。話が複雑になるので）

じゃあ、そのまま融資先が倒産して本当に貸し倒れになったらどうなるんだ？って話ですが、本当に倒産して貸し倒れ（融資が戻ってこない）になったのなら、そのときは貸倒損失になるんだから、引当金に支払った税金は戻しますよ、ってことです。

中小企業がつぶれると銀行は儲かる？

ということはですよ、銀行はただでさえ融資で利益が上がってない時期にですよ、ますます赤字決算になるのを承知で貸倒引当金を積んで（積まされて）、税金まで支払ってるわけです。

本来の業績が回復して利益が出てきた最近の銀行としたら…不動産の相場も上昇してきたし…過去に貸倒引当金をみっちり積まされた融資先には、いっそ本当に倒産していただいたほうが戻し益も出るし、繰延税金は戻ってくるし…かもしれないですね！

話は大きくずれましたが、貸倒引当金に限らず、引当金または引当金繰入と名のついた科目は、お金が出て行かない費用です。

その反対に、引当金戻入という科目が営業外収益の中にあったのなら、それは過去に繰り入れた分の戻し、お金が入ってくるものではありません。

ということは、損益計算書をお金の出入りでまずシンプルに見ようとすると、

当期純利益＋減価償却費

それに引当金があれば足すか引くかして…それがどうなの？って見方です。

そこに売上原価の棚卸しの増減を足してみたらもっと見えてきますね。

結局、損益計算書って

私がまず、真っ先に聞くのは、この当期純利益と減価償却費を足した金額です。

たとえば、当期純利益は三〇万で減価償却費は一二〇万、あわせて一五〇万しかないとします。完全な現金商売だったとしても（在庫負担も考えない）、年間一五〇万のお金しか残らないわけです。

もし、借金があるとしたら？

そう、年間一五〇万を全部返済に回したとしても、いまの借入を本当に返すのに何年かかりますか？って話ですね。

さあ、いまの返済額はいくらですか？

年間一五〇万ということは、一ヶ月一〇万ちょっとですよ。

それでも黒字だからまだいいです。

もし赤字だったとしたら、どうやってその穴埋めしたの？

算数ではマイナス計算が可能ですけど、現実には、入ってきたお金（売上）以上の支払い（仕入・費用）はできません！

赤字が減価償却の範囲内（引き当て繰り入れも含めて）だったらまだいいですよね。

減価償却より小さい赤字だったら、まだお金は残るでしょう。

でも…それを超す赤字だったら、どうやってやりくりしたんでしょうか？

それは、その答えは、損益計算書からはわかりません。

でも、算数上でしかありえないはずなのに、赤字（マイナス）でもこうして決算書を作ることができて継続しているのです。

さあ、その答えは、貸借対照表にあります！

第二章　ベンツはどこへ…

～貸借対照表の基本～

本当はこっち

プルルル、プルルル…。

朝一〇時。

私の事務所の始業時間ジャストに電話が鳴った！

「コザカイさん、銀行から融資を断られました！」

電話をよこしたのは、C社長。年商五円、飲食業の会社の社長さん。私の本を読んで電話をかけてくれたってわけ。

だいたい、私のところにかかってくる電話の第一声はこんな感じから始まるのが多い。私の著書を読んだ方から電話をいただくときは、まあ、いきなりですね。

なかには、延々と現状の資金繰りの苦しさとか銀行の対応の理不尽さを切々と訴える方もいらっしゃいますけど。

さえぎるように聞き返す私の第一声は、

「決算書は債務超過になってますか？」

この「債務超過ですか？」という問いにどう答えてくるか？

これで脈があるかどうかがわかれますね。

こと銀行から融資を受けられるかどうかということになれば、その第一歩は損益計算書じゃなくこっち、貸借対照表にあり、です。

そしてまた、今後どうなっていくかに関してもです。

案の定、C社長の返答は、

「そ、それは（債務超過かどうか）…どこ見たらわかりますか？」

貸借対照表の純資産の部（※旧会社法では資本の部）です！

「ど、どこにありますか？」

そうなのよね。貸借対照表の中でも、もっとも日の当たらない場所、それが純資産の部（↓73ページ）。かくいう私だって、かつて銀行にいたころも、税理士事務所にいたころも、ほとんど気にしたことがなかった場所。

えーっと、ですね、貸借対照表の右下のほうですかね…それとも、二枚目の一番下のほうかなー。

「えーーーっと…その…貸借対照表っていうのは決算書のどのへんに…」

んもうーーーーー！！！！

「債務超過」とは？

債務超過とは、会計上、会社のある時点で、負債（借金）の合計額が資産（財産）の合計額を超えているような財務状態を示します。会社が赤字になり、それまでの元手（資本）や今までの蓄積（剰余金）を完全に使い果たした状態です。

債務超過の場合、仮に全ての資産（財産）を売却しても、負債（借入金）を全て解消することができず、借金だけが残ってしまうことになります。

ただし、債務超過になったからと言って倒産するわけではありません。会社は支払いができなくなった時に資金ショートを起こして破綻（倒産）します。ですから、資金繰りさえできていれば、債務超過でも倒産はしません。

債務超過の例

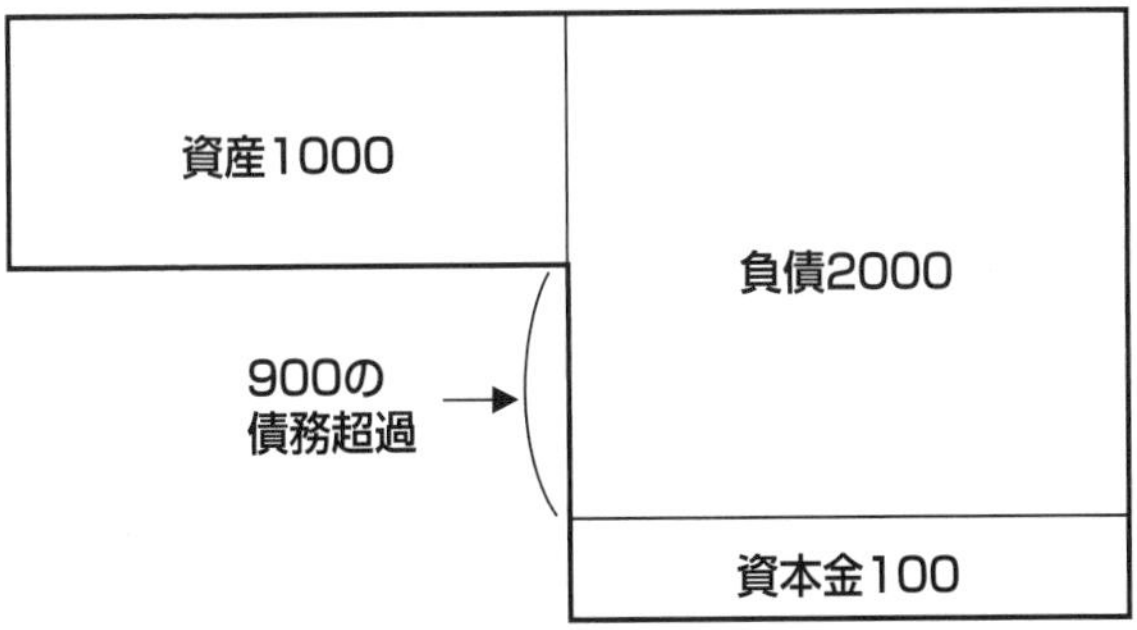

バランス、バランス、バランス

最初に、貸借対照表の仕組みを話しておきましょう。

損益計算書は横文字でいうとプロフィット&ロス（P／L：ピーエル）といいますが、貸借対照表はバランスシート（B／S：ビーエス）といわれたりもします。


前章で損益計算書の見方は、現金で出入りしたとして見るといいました。仮に前章で三〇万の当期純利益が出た会社さんでしたら、三〇万のキャッシュが残った、と見るわけです。

もし、設立初年度で、設立時に手元金ゼロでスタートしたとして、完全な現金商売で在庫もなかったとして、期末の貸借対照表を想像してみましょうか？

資産は現金が三〇万、負債は？なし。そのかわり繰越利益剰余金（※旧会社法では当期未処分利益）が三〇万。

なんなら、資本金一円でスタートしたとしましょうか？

ならば、期末の現金が三〇万一円で、資本金の一円と繰越利益剰余金が三〇万円の

貸借対照表とは？

●貸借対照表の概要

貸借対照表			
資産の部		負債の部	
流動資産		流動負債	
現金預金	XXX	買掛金	XXX
受取手形		短期借入金	XXX
売掛金	XXX	未払金	XXX
棚卸資産	XXX	未払法人税等	XXX
繰延税金資産	XXX	前受金	XXX
貸倒引当金	XXXXXX	賞与引当金	XXXXXX
固定資産		固定負債	
有形固定資産		長期借入金	XXX
建物・構築物	XXX	社債	XXX
機械		退職給付引当金	XXXXXX
土地	XXXXXX	負債合計	XXX
無形固定資産			
ソフトウェア	XXXXXX	純資産（資本）の部	
投資等		資本金	XXX
投資有価証券	XXX	資本剰余金	
関係会社株式	XXX	資本準備金	XXXXXX
長期貸付金	XXX	利益剰余金	
破産更生債権等		利益準備金	XXX
長期前払費用	XXXXXX	任意準備金	
敷金・保証金		繰越利益剰余金	XXXXXX
繰延税金資産		純資産合計	XXX
資産合計	XXX	負債・純資産合計	XXX

合わせて三〇万一円が純資産の部、ということになります。

非常に極端なたとえですが、これがバランスシート。資産だけのバランスシートや、資産がなにもなくて負債だけのものもありません。必ずバランスします。

損益計算して三〇万の利益が出てお金があったはずなんだけど、何かに使ったようでなくしちゃった…だから繰越利益剰余金だけ三〇万で現金はゼロ（資産はゼロ）…なーんていうバランスシートにはなりませんよ。

もしそんなことという社長さんがいたら、社長への仮払金として資産に計上しておきますかね、経理担当者か顧問の税理士事務所さんは。

というように、損益計算書が一年の商売の過程を表すものだとしたら、貸借対照表はその利益の行方、結果を表すものといってもいいでしょう。

あるいは、今期（当期）では結果を表す表ですが、来期ではそこからがスタートになるわけです。

このたとえのケースで、もし三〇万の利益ではなく、逆に三〇万の損失だったとしたらどういう表示になると思います？

資本金一円でスタートして、現金商売で、一年間で三〇万の損を出したとしましょう。払えませんよね？損益計算書のとおりに。完全な現金商売なんですから。損益計算上は算数でマイナス計算の答えが許されてますけど、現実には支払えない。

現実にはどこかから借りてくるでしょう？それが親か知人か奥さんか、はたまた社長個人がためてたお金を会社に貸すか。

借りてきたということは、負債です。負債が三〇万。でも現金はゼロ。いや資本金の一円。

左に現金一円だけ、右に負債三〇万と資本金が一円（合計三〇万一円）…合いませんね、左右の金額が。

右の繰越利益剰余金は？そう、そこが△の三〇万です。

これで左右の金額がバランスとれましたね。

立派な債務超過の貸借対照表のできあがりです！

あなたの会社は破綻してます！

資本金一円で△三〇万の剰余金なんて、ずいぶん極端なたとえだなーと思ってませんか？

じゃあ、資本金一〇〇〇万の会社だったとしたらどうです？十分ありえませんか、そういう会社。三〇万の△じゃ小さすぎるか。三〇〇万の△ならどうです？かなりリアリティ出てきますでしょ。

資本金一〇〇〇万で三〇〇万の△だったならまだ債務超過じゃありません。

資本金から三〇〇万を差し引いても、まだ七〇〇万残ります。

ちなみに、資本金一〇〇〇万でスタートして三〇〇万の赤字を出したとしたら（完全な現金商売で）、期末の現金は七〇〇万、資本金一〇〇〇万、利益剰余金△三〇〇万で差し引き合わせて七〇〇万の純資産となります。

これがもし、三〇〇〇万の赤字だったとしたらどうなるでしょう…資本金一〇〇〇万の現金を用意してスタートしたにしても、赤字の穴埋めにはあと二〇〇〇万足りない。仮にどこからか借りられたとしましょう。

これで、純資産は△二〇〇〇万、立派な債務超過会社のできあがりです。これは現実としてよく見る貸借対照表ですね。

こうなると、銀行融資の対象としてはもう厳しい。

なぜか？

債務超過というのは、理論上、もう破綻（はたん）してしまっているからです。

よく耳にしますね、ニュースなどで。〇〇会社が経営破綻！とか、破綻していることが判明！あるいは債務超過に陥ることが判明しました！とか。

でも、中小企業はつぶれない！

貸借対照表に載っている資産を全部載ってる金額で処分できたとしても、負債はもちろん資本金まですべて支払えないことが明らかになっている状態を、破綻というのです。

もし上場企業でしたら、債務超過になりそうなのがわかった時点で**ジ・エンド**じゃないですか？

ところが中小企業の場合はねー…赤字で足りなかったお金は自分（経営者）が出したんだ。だからこれは借金であって借金でない！なんて言い出したりするから話はややこしい。

とはいえ、銀行としてあくまでも会社に融資をするとなれば、その審査をする上でたとえ経営者本人が会社に貸したお金であっても負債は負債、債務超過に変わりはありません。

理論上破綻がはっきりしている貸借対照表を見せられて、融資するのでは理屈が通りません。

だから、私は真っ先に貸借対照表の純資産の部がどうなってるかを聞くのです。

ちなみに繰越利益剰余金、ここはほぼ永遠に繰り越します。赤字の決算が終わったからといって、リセットはされません。

ということは、損益計算書の当期純利益とあわせて見れば、過去の累積の利益（損失）もわかってしまう、ということですよ。

純資産にはどんなものがあるのか？

資　産	負　債 流動負債
	純資産

資本金

株主が出資した資金のうち、会社が資本金に組み入れた部分です。

資本剰余金

株主が出資した資金のうち、会社が資本金に組み入れなかった部分です。

利益剰余金

会社を設立してから現在まで蓄積してきた利益の合計額です。この中に繰越利益剰余金があります。

現金商売じゃないから難しい

では、貸借対照表に表示されているモノを順番に見ていきましょう。これも損益計算書を見るときと同じで、できるだけ見たまま判断するようにしましょう。よく見ればそう難しい漢字はありません。ただ慣れないとさぞや厳密なモノなんだろうなー、なんて思ってしまいます。

資産なんていわれてもピンときませんよね。でも財産と言われたらどうです？負債は？借金でしょ。みたいな。

純資産？？なにそれ？財産と借金の差額のこと？ＯＫそのとおりです。

まずは資産からです。次ページの図を見てもらえればわかるとおり、細かい科目がありますす。全部を説明すると退屈なので、わかりづらいものだけ説明します。

「売掛金」は、完全な現金商売だったら出てこない科目です。損益計算書の売上高に対してどれくらいになるか？売上高を一二で割って一ヶ月あたりの売上（月商）と同じくらいあれば、一ヶ月サイト（売って入金まで）と言ったりします。

売った月内に入金されないけど、翌月以降に入ってくる売上代金のことです。

資産にはどんなものがあるのか？

資　産	負　債
	純資産

現金化されやすい順に並んでいる

流動資産

1年以内に現金化するであろう資産。当座資産（現金・預金、受取手形、売掛金、有価証券など）、棚卸資産（商品、製品、仕掛品、原材料…など）、その他の流動資産（未収金、仮払金、前払費用、短期貸付金など）がある。

固定資産

1年以上形を変えずに使われる資産。有形固定資産（建物、機械装置、車両、工具備品、土地など）、無形固定資産（営業権、特許権、商標権、借地権、電話加入権など）、投資等（投資有価証券、子会社・関連会社株式、長期貸付金など）

繰延資産

次年度以降に費用計上が繰り延べられる便宜上の資産

日常では、たとえば二五日締めの翌末払い、という言い方をしたりします。

危険な危険な受取手形

ちなみに、受取手形というのは、いったん売掛金として計上し、そこから数ヶ月の手形をもらったものを受取手形として計上します。（ってことは、お金になるまで何ヶ月もかかるの？）って思いましたでしょ？

だけど手形はもらってしまえば、お金の代わりに別の支払いに回すことができます。これを裏書といいます（手形の裏に署名するので裏書）。

手形はほんとに紙なのですが、いったんもらってしまうと、次々とお金の代わりに転々とします。そのため売掛金より現金に近いので売掛金の上段にあるのです。

便利なようでしょ？

でもね、取り扱いは、とても危険ですよ。もらってから、もしなくしちゃったり燃やしちゃったりしたら…とかね。金額が大きいとそうそう支払いに使えませんでしょ。おつりはもらえませんから。

なので、その手形を現金に換えてもらうこともできます。これを割引といって、銀行や金融会社でやってくれます。

がしかーし、裏書にしても割引にしても、そもそも手形を振り出した人がお金がなくてその手形を決済できなかったら…不渡りです。

一番最後に手形をもらった人が期日に銀行にその手形をもっていくのですが、不渡りでーすとなったら、裏に名前を書いた人のところに請求できるのです。

まるでブーメランのように戻ってくる恐れのあるのが受取手形です。

粉飾バンザイ社長

「もう銀行が手形も割り引いてくれませんねん！どないしたらよろしいでっしゃろ？」

拙著『粉飾バンザイ！』からたびたび登場していただく、建設業のK社長だ。年商三億前後をいったりきたりしている。

とうとう仕掛かり（やっている途中の仕事）が一億を超え、リスケ（↓102ページ）

もしているもんだから、銀行から手形の割引まで断られてしまった。

上場企業の手形ならまだしも、中小企業の手形であれば信用度はそう高くはない。手形の割引とはいえ、受け取った会社の信用も問われるのが手形の割引だ。

銀行がダメだとなると…金利高くても市中金融で割るしかないかな。

「そんなことしたら、振り出し先に照会されて、ばれるじゃおまへんか！」

そうなんだよね。割り引くときには、もともとの振り出し先に照会かけることあるからね。

上場企業なんかだと最近は手形の振り出しそのものをやめる方向できたけど、自分の振り出した手形が市中で割られることすら嫌がったもんなー。

まあ、K社長、振り出した先には、信用のなさはお互い様って話したらどうですか！

ベンツはどこへ？

買ったベンツは「固定資産」に載ってます。科目は車両運搬具。さすがにベンツとしては載ってませんよ。

社長がベンツに乗っている。なのに決算書の固定資産の車両運搬具に数字が載ってない…それならリース車輌かな。

載ってる数字が小さいなら…中古？

建物、機械、器具備品（什器備品）、土地…すべて字のままです。建物付属設備というのは、建物のうち電気設備などは建物本体と別に計上しなければならないのです。

土地以外のものは、すべて減価償却するため税務上の耐用年数が決まっているので個別に計算しなければいけません。つまり、別に固定資産明細とか固定資産台帳といって計算している表が存在してます。

なので、ここの科目と金額だけでは何がなにやら内容はさっぱりわかりません。

その表示方法にも二種類あって、買った値段を計上し、減価償却費を直接差し引いていく方法と、買った値段をそのままにして減価償却費を累計額として△表示していく方法があります。

あ、土地は、減価償却することは絶対にできませんからね。

これら、形あるもの、目に見える固定資産をひっくるめて有形固定資産といいます。

あれ？R社長、貸借対照表の車両運搬具の数字、前期とあんまり変わってませんよね？
年商二億三〇〇〇万の板金工事業のR社長の決算書がファックスされてきた。
確か一〇〇万で売れたけど、二〇〇万くらい損出たっていってませんでしたっけ？

「あ〜…あれ、そうそう、あれね、あれはね…」

飛ばしたな。
来期に売却損の処理を飛ばしたでしょ、いやもう決算終わってるから今期か。
じゃあ、ベンツを売った代金はどうやって処理したんだろうなあ…あ！まさか！損益計算書はどこだ！
あ、R社長！これ、この固定資産売却益って…まさか売った代金そのまんま？

それで無理やり利益出したの？

ホントに借金ないんですか？

「ウチは借金ないんですよ～」


というのは、Ｆ社長。年商九億円、小売業の社長さん。

なんともうらやましいセリフだなーと思いますでしょ？

ならば、決算書に載っている資産全部を自己資金で買ったの？全額純資産なの？って聞き返したくなりますけどね、私は。

負債っていうと聞こえはいいですが、なにも銀行借入だけが借金じゃないでしょう。払ってないものがあれば、それみんな借金、違いますかねー。

なんで払わないで貸借対照表に載っているのか？その理由は？いつまで払わなきゃいけないのか？

などによって、それぞれ名称（科目）と区分けされる場所が違っているだけだと思いますけど。

負債も資産と同じように、次ページの図のように細かい科目があります。

ここでも、少しわかりづらいものだけ説明しますね。

「未払金」と「未払費用」は、仕入以外ですでに買ったモノや、してもらったコトで支払っていない金額です。

たとえば、知り合いの中古車ショップから中古のベンツをとりあえず買ったけど、その支払い方法はまだお互いに取り決めしてないという場合は、未払金に計上しておきましょう、となります。もちろん買ったベンツは固定資産の車両運搬具ですよ。

「前受金」は、売上の前金、手付金、つまりまだ完全に売ってはいないんだけどその一部として相手からいただいたお金です。

いまの例で、中古ベンツを買うけど頭金を少し入れた場合、モノが納車になるまではその一部は前払金になる。売った中古車店のほうは、頭金をもらった段階ではまだ

負債にはどんなものがあるのか？

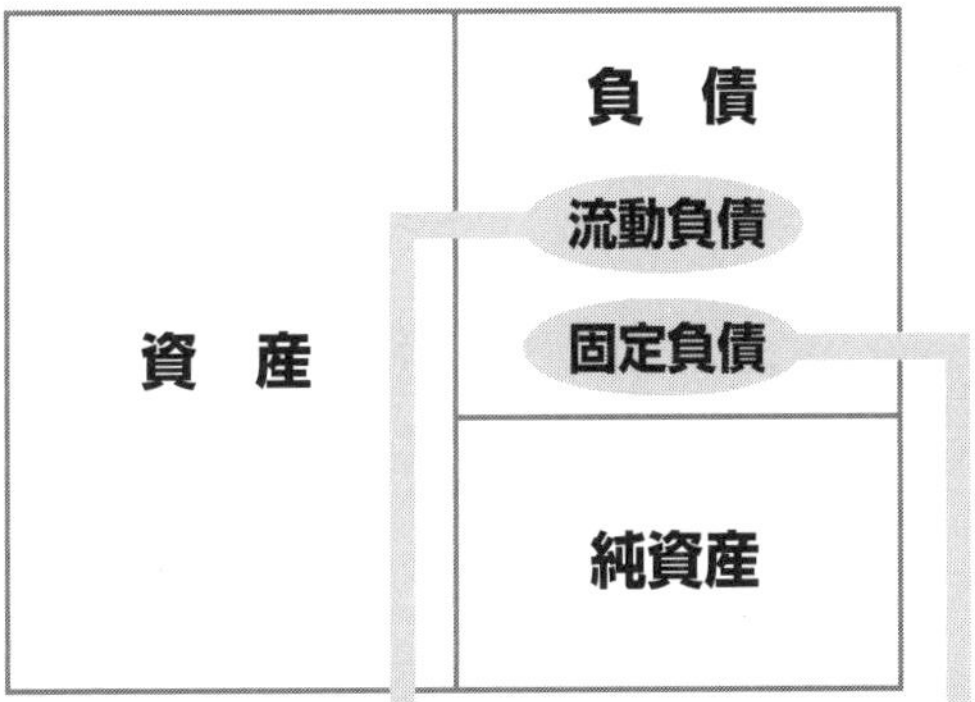

流動負債

１年以内に支払う義務のある負債。支払手形、買掛金、前受金、短期借入金、未払金、仮受金、未払費用など。

固定負債

返済や支払いまでに１年を超えるもの。長期借入金、社債、退職給与引当金など。

前受金という処理になります。

納車が終わった段階で（完全に売った）、頭金を差し引いた残りが買ったほうでは未払金だし、売ったほうでは売掛金になります。

いや確かにF社長の会社は自己資本比率が三〇%近くありますよ。借入も一億くらいで預金残高も一億ありますし。

だから借金はいつだって返せる…そう言いたいのはわかります。

だけど、買掛金が二億近くあるじゃないですか。

在庫もそれに見合う分ありますけど、だけどそれってどうなんでしょうか？

そういうのがその業界の慣習？風習？っていうのはわかりますけど。

いや〜どうなんでしょうねー…。

売上下がったり、在庫が売れ残ったりしたらどうするんでしょう？

返品するのかな。ただでさえ買い掛けのサイト長いのに、さらに問屋さんは返品を受けてくれるんだ？

でも、それって、お店の在庫は自分のものであって自分のものじゃないですよね？

長い借金、短い借金

さあ、気になる銀行の借入が載っている場所が固定負債の区分けで長期借入金という科目です。

長期、つまり長い期間、返済に長い期間がかかるものを長期借入金といいます。逆に短い期間で借りたならば?短期借入金です。

ではその長い短いの期間の区切りはというと、一年を超すかどうかです。

支払い(返済)が一年以内のものは短期借入金として流動負債の部に区分けします。

一年以上かかるならば長期借入金として固定負債の部に。

融資の種類でいうと、証書貸付は長期借入金、手形貸付は短期借入金です。ローンはどっちだって?ローンというのも証書貸付ですから長期借入金です。

ならクレジットで買った車のローンはどこか?

それは、長期未払金です。未払金の前に長期とつきましたね。

同じようにローンといっても銀行は長期借入で車のローンは長期未払金?

んー…なら銀行のマイカーローンは?

いい質問です。

いわゆるクレジット会社のローンの場合、お金を借りてるようですけど、あくまでもそれはその商品を買うため限定です。実際にお金を手にしてませんでしょ？

一方、銀行のマイカーローンであってもいったん借主の預金口座にお金が入ってるはずです。もちろん入った（借りた）と同時に支払先の車屋さんに振込みの手続きをさせられてると思いますが。

だから、同じようにお金を借りて車を買ったとしても、その計上される科目が同じ固定負債の中でも違うんですね。

これって、見た目の印象はけっこう違いますよね。長期借入金として載ってるのと、長期未払金として載ってるのじゃ。印象だけじゃなくいわゆる財務分析上でも若干違ってくるでしょうし。

これでひととおり貸借対照表の仕組みは終わりです。

これが経営分析？

損益計算書と貸借対照表の二種類、これに一年間の会社を経営した結果がすべて抜粋で載っている。

もし、載ってないものがあるとしたら、それは簿外というんです。

とくに借金で載ってないのを簿外負債。

資産で載ってないのは…経費処理できたもの以外はない。あったとしても別の科目で載せてるでしょう。だって、買うときには貸借対照表に載っている現金及び預金から払い出して買ってるわけでしょ？

借金すれば負債に載ってくるし、もし借金を載せないとなると買ったものも載せられないよねー。

とまあ、信じるのもたやすいし、疑ったらきりがないのがこの二種類の表ともいえますね。

そのへんは次章以降で話しましょう。

そういう見方をするその前に、貸借対照表、別名バランスシートというくらいですから、資産と負債のバランスを見るのが何より重要です。

流動資産と固定資産のバランス、それに対する流動負債と固定負債のバランス。そして自己資本（純資産）は？

資産全体を一〇〇として、それに対する自己資本の割合を、自己資本比率といいます（お、はじめて比率の話が出てきましたね）。

さあ、あなたの会社は一割？二割？

え？割じゃ言えない？じゃ分（ぶ）？まさか厘（りん）？

ええ？マイナスになる!?

そう、それが債務超過です。

でも、自己資本比率の分析でマイナスの場合の解説なんかあったかなー…ないでしょ。

じゃあ、固定資産に対して固定負債の割合は？

固定資産…長く使うものです。長い期間かけて費用にしていくもの、あるいは費用

代表的な経営指標①

自己資本比率

$$\text{自己資本比率 \%} = \frac{\text{自己資本}}{\text{総資本}} \times 100$$

自己資本比率は、総資本に占める自己資本の割合を示す指標。
３０%以上欲しいところ。

代表的な経営指標②

流動比率

$$\text{流動比率}\ \% = \frac{\text{流動資産}}{\text{流動負債}} \times 100$$

一般的に流動比率が１００％を下回ったら、仮にすべての流動資産を現金に変えたとしても、１年以内に支払期限のくる流動負債をすべて支払うことはできないことになります。

化しないもの。それに対して長い借入はどれだけです？

まだピンときませんよねー。

じゃあ流動資産に対して流動負債は？

すぐお金に換わる（換えられる）モノに対して、すぐ払わなければいけない借金はどれほど？

どっちが多いですか？

流動負債が多い？

なら、流動資産を全部換金しても、払えませんよね？ですよね。流動資産より流動負債が多いって、そういうことになりますよね。

いやいや、この流動負債の中の短期借入金というのは別に一年以内といっても来月払うべき借金とは違いまして…ああ、じゃあ、それ除外してどうです？

ならば、流動資産の中にもすぐ換金できないのもありますよね。在庫だって常に必要だし売掛金だってそうでしょうし…あらら、もっとバランス悪くないですか？

そもそも、現金預金がたったこれしかないじゃないですかー！！！！

第三章

なぜ、借金三〇〇〇万円を利益三〇万円の会社が返せるのか？

～損益計算書と貸借対照表のヒミツの関係～

またまた登場？悪夢の旅館

プルルル、プルルル…。

午後一二時。

ちょうど昼飯でも食べに行こうと思ったら、電話が鳴った！

「あの、ベンツ本読みまして…ウチも旅館なんですけどベンツ本に載ってた旅館と同じで年商の四倍の借金が…」

ああ、はいはい、どんな感じですか…。

「あの、減価償却しないで赤字なんですけど、それって、かなり悪いですよねー？」

ん？ああ、そうですねぇ…旅館さんなら在庫でどうのこうのもないだろうし…売り掛けが極端に変わるっていうのもねぇ…ってことは、損益計算書が現金商売に近づきますからねー。減価償却しないで赤字っていうのはねぇ…。

「もうリスケ（↓102ページ）もしてるんですけど…それでも…」

あれ？損益の話だったのが資金繰りになってるけど、んー…その赤字はいくらになってます？当期赤字は？債務超過になってます？借入残高は？

「え、あ、ど、どれ見たら…け、決算書、ですよね？」

ああー…貸借対照表を一枚見ればわかるんですけどー。

「ど、どのへんにありますか」

あらら、バサバサ何か書類をめくってる音が電話口で聞こえてくるよ。

リスケとは？

現　在

借入残金３６００万円
毎月返済額１００万円

返済がきついなあ…

リスケをする

リスケ後

１年間の毎月返済額を３０万円にしてもらい、２年目以降は交渉していく

見つけました？税理士さんからもらった決算書のつづりありますよね？その真ん中あたりになってるかなー。

最初はほら、税務署の細かい表みたいなのがあって、その次に決算報告書っていう表紙が入ってて…ありました？貸借対照表、それは一枚で右左の表ですか？なら右下の純資産の部の合計ありますでしょ。一番下じゃなくその上、そうそう…。

「はい、一億二〇〇〇万の△になってます。長期借入は…九億五〇〇〇万です」

うわーお！一〇億かー…ってことは、旅館だし、固定資産もそれ相応あるってことだよなー。でも減価償却してないから固定資産の残高を聞いても参考にならんよなー。

もう何年…減価償却してません？

いや、いいや、いまさら実質の債務超過を計算してみたってしようがない。

流動負債はいくらになってます？短期借入はありますか？

「流動負債は買掛金や未払いが八〇〇〇万で…短期借入はないです」

りょ、旅館で流動負債が八〇〇〇万！あれ？年商いくらでしたっけ？借金の四倍ってことは二億五〇〇〇万くらい？

ってことは仕入は三割くらいなわけでしょ？未払いの経費を想像したって、いったい何ヶ月分だ？

全部送ってください。B／SもP／Lも。二年分送ってください。

決算書は水晶玉

この章では、損益計算書と貸借対照表をどう使うかを説明します。前章までは、あくまでも損益計算書と貸借対照表の説明だけですから。

私が電話などで相談を受けるときに、真っ先に聞くのは純資産額。

これでどういう経営状態かが一発でわかる。平たく言えば、今後も銀行から借りられるかどうかの第一チェックポイントだ。

ついで、当期純利益。

もし純資産の部が△（債務超過）で、最新の損益計算書で当期赤字、△だとしたら黄色信号だ。

仮に黒字だったとしよう。

でも、じゃあどの程度の黒字ですか？

たとえば、当期純利益は三〇万。損益計算書の支払利息から推定すると三〇〇〇万くらいの借入残高らしい。

三〇万で、三〇〇〇万の借金、返せますか？何年かかりますか？

さあ答えを皆さんご一緒に。

一〇〇年かかりまーっす！！

てなわけにはいかんでしょう。

じゃあ、減価償却費一二〇万を当期純利益に足してみましょうか?あわせて一五〇万です。さあ三〇〇〇万の借金を返すのに、何年かかりますでしょうか?

二〇年で返せまーす。

あら?返事の仕方が変わりましたね。

なんだ、二〇年で返せるじゃん。

利益三〇万が納得のいく数字かどうかはさておき、お金の出て行かない経費の減価償却費を足して、それ全部銀行借入の返済にあてれば、二〇年で返せるんだ。

いいんじゃないの?

と、私は思いますけどね。

返せる額は？

償却前利益

減価償却費＋当期純利益

↑

償却前利益以上の返済額がある場合、「借りては返し」を繰り返しているだけで全然返せていないことになる。

でもさ、住宅ローンじゃないんだからさ、二〇年はちと長すぎやしないか？

だいたい、それよりなにより、毎月の返済額が決まってるじゃないですか。銀行借入っていうのは。

その借金、本当に返せますか？

目の前のことでいえば、今の利益って今後の自社にとって、あるいはその会社にとってどうなの？って話ですよね。

その目安のひとつとして、出ている利益と減価償却費を足して、長期借入残高を何年で返せるか、ということ。

もっとリアリティの出る話をすると、毎月の返済元金がいくらなのか？

この会社さんの場合、年間一五〇万しか返せないわけだ。月にしたら一〇万ちょっと。

なのに、銀行返済が五〇万だったとしたら？

三〇〇〇万の借入が五年返済だとしたら年間六〇〇万、月にしたら五〇万って計算です。

もちろん貸借対照表にも損益計算書にもそんな情報はどこにもない。

でも、想像はできる。

話からだけでも想像はできる。

違いますか？

いやいや、もし一〇年だったとしたらどうだろう？

それだと年間三〇〇万にはなる。月にしたら二五万だ。これなら足りない償却前利益（当期純利益＋減価償却費）は一〇万ちょっとだ。

なんとかなりそうな感じはしませんか？

そういう目で、貸借対照表の一番上にある現金及び預金を見るんです。

もし、返済額は五〇万というのをはっきり聞くことができたら、その現金預金で何ヶ月もつだろうか…と見るんですよ。

私の場合は、決算書がなくても、相手の方から損益計算書や貸借対照表のこれらの数字を聞いて、まずそこを判断しなきゃいけません。

私が比率の話をしないのはそこですよ。

利益が売上の一〇%出てる? それっていくら? で返済は?

五〇〇〇万のローンを五年返済…年間一〇〇〇万の返済ですよ。その五〇〇〇万は何にお使いで? まさか固定資産じゃないでしょうね?

五年の耐用年数の資産を五年で借りるのならつじつま合いますけど。その減価償却分を返済にあてられますからね。

もちろん、その減価償却をきちんと差し引いた上で黒字はキープしなけりゃいけません。

もし、そうでないとしたら…減価償却から返すのではないとしたら…単純に税引き後の利益からだとしたら…返すのに、税引き後で一〇〇〇万なきゃいけませんよね。

だからね、なくてもいいんです。それがわかってさえいれば。本気で返そうと思わなければ。

私はむしろ、早めに借りておくのをすすめているくらいなんですから。

じゃぶじゃぶ

「だからですか？ コザカイさんが早め早めに借りろ、って言うのはー」

いったい付き合い始めて何年たったころだろうか。つい最近のような気がするのは、小売業を営むB社長だ。

直前の決算では年商三億円で純資産の部が二〇〇〇万…だけど私が主宰する自転車操業クラブの会員番号四番の社長だ。

「自社店舗買うときにも、返済は長く長くって何度も言ってましたもんねー。私なんか家賃の支払いと返済が同じなら何年でもいいんじゃないか、って思ってましたけど」

確かに、単純なお金の出入りだけだったらそうだけど、耐用年数三〇年ですよ。銀行が三〇年で貸してくれるわけないじゃない。

耐用年数と同じ年数で借りられるなら、採算さえとれれば無事に返せる。最悪でも減価償却さえできる程度であれば。

もちろん、そんな長い間、店がもつか、というのは話は別だけど。

「返済が短いと、減価償却費との差額が利益になって、その分に法人税がかかるっていうことですよね？」

一ヶ月五〇万、年間家賃を六〇〇万払ってました。銀行からお金を借りてそのテナントを買いました。返済は同額です。お金の出入りは同じです。固定資産と固定負債でバランスはとれてます。

でも、減価償却費は耐用年数三〇年で、たとえば年間一五〇万しか出なかったとしたら？

六〇〇万の家賃マイナス一五〇万の減価償却費で差し引き四五〇万の営業利益になる！元金五〇〇〇万の一〇年返済、元金年間五〇〇万、利息一〇〇万としましょうか。

四五〇万の営業利益から支払利息一〇〇万差し引いて三五〇万の経常利益だ。

法人税四割として一四〇万、さあどこから支払おうか？

お金の出入りだけだったら、家賃支払ってたときとなんら変わりはないぞ。でも損益計算書では税引き後で二一〇万の黒字だ。

税引後の利益二一〇万と減価償却費一五〇万であわせて三六〇万。でも返済元金は六〇〇万です。

差し引き、年間二四〇万のお金が足りなくなるってわけだ。一〇年返済を続けようと思ったら、二四〇〇万も足りなくなるぞ。

「んんーーーーわかったような、でもなんか違うような…。長く使うもの（固定資産）だから長く借りる（固定負債）。だけど銀行の言うとおりの返済年数だとお金が足りなくなる…だからもっと借りる…そうするともっと長期の借入は増える…バランス崩れますよね？」

結局ね、出た利益と償却費分しか返せない、ってことです。多めに借りたお金は使っちゃダメですよ。使わないでおいときゃいいんです。足りなくなる二四〇万の四年分、一〇〇〇万くらい五年返済の運転資金として借りとけばいいんですよ。

バランスシートの変化を体験

少しバランスシートをイメージしましょう。

左側に固定資産五〇〇〇万、右側に長期借入五〇〇〇万（①）。それに追加で一〇〇〇万借りるわけだ。

すると、右側の長期借入は六〇〇〇万になって、左側の固定資産五〇〇〇万は変わらずその上の現金及び預金に一〇〇〇万上乗せする。これで右左のバランス（貸借）は合いましたね（②）。

それがスタート時のバランスシートです。

そうして、毎年左側の固定資産が一五〇万減っていく。同じだけ長期借入も減る。

さらに当期純利益二一〇万分長期借入が減っていくわけです。これで三六〇万減る。

でも固定資産の借入返済は毎年六〇〇万だから、足りない二四〇万は現金預金が

バランスシートは、どう変化するのか？①

①

B/S

固定資産	5000万円	長期借入	5000万円
（合計）	5000万円	（合計）	5000万円

②1000万円借りる

B/S

現預金	1000万円	長期借入	6000万円
固定資産	5000万円		
（合計）	6000万円	（合計）	6000万円

③1年後

B/S

現預金	760万円	長期借入	5400万円
固定資産	4850万円		
		利益	210万円
（合計）	5610万円	（合計）	5610万円

減って長期借入も減っていくわけだ。

「はぁーーーー…すると、左側は翌年には現預金が七六〇万になって固定資産が四八五〇万であわせて…五六一〇万ですね。右側の長期借入は六〇〇万返すから五四〇〇万で…あれ？左右が合わないっすよ！」

利益二一〇万でしょ！それが長期借入の下の純資産の部になるんですよ（③）。

「おおーーーートントンからスタートしたのが、純資産が増える！家賃払ってたのを借金して買って、収支が変わりないどころか税金と利息でお金が足りなくなるっていうのに！で、その純資産額っていうのはどこからくるんですか？」

そこが損益計算書の当期純利益からくるんですよ！！

「あ、なーるほど！ずっと貸借対照表の話ばっかりしてるからー」

損益計算書は過程なんですよ。結果というか結論と先行きを見定めるには貸借対照表だけで話してもいいんですよ。

「これ、いいじゃないですか！以前と同じ収支でさえあれば、ちょっと多めに借りてさ。けして前より資金繰りが楽になったわけでもないのに、貸借対照表は良くなっていくじゃないですか！」

だ・か・ら、購入の話があるなら、思い切って自社物件購入しましょうか、って言ったんじゃないですか！

「ああー、こういうわけだったんっすねー」

足りなければ借りればいい！

「ふーん…そういえば何度も教わってたの思い出してきました。ああ、だから、今度買うときはお店もやれって言ったんですねー」

そりゃそうですよ。いままでの家賃は事務所兼工場としてだけ。そこでお店もできるようになれば売上たつでしょ。もちろん仕入もかかるけど。少しでも粗利（売上総利益）が増やせればね。

「あれ？そういえば、よけいに借りた一〇〇〇万の返済もありますよね？それって…」

気がつきましたか！

そうなんです、よけいに借りて使わずにおいてても、返さなきゃいけない！ってことは、運転資金として五年返済だとしたら年間二〇〇万の元金返済です。

そうすると、借入返済額は年間合わせて八〇〇万！だから右側の借入は五四〇〇万じゃなくて五二〇〇万になります（↓次ページ）。

で、左側の現預金は七六〇〇万じゃなくて五六〇〇万になっちゃいます。これで貸借は合いましたよね？

「いや、貸借はあいましたけど、よけいに借りた一〇〇〇万、たった一年で五六〇〇万ですかー。じゃあ、来年は…えぇーっと…」

どうぞ計算してください。同じ条件でいくだけですから。っていうか同じ条件でいかないともっと困るし複雑になりますよ。一〇〇〇万の金利は…二〇万？三〇万？これは無視しましょうか（この大雑把さがいけないのかもしれないなー）。

「んー…一〇〇〇万の金利無視しても、年間四四〇〇万の現預金が減っていくから…二年しかもたないじゃないですか！」

バランスシートは、どう変化するのか？②

③１年後

B/S

現預金	７６０万円	長期借入	５４００万円
固定資産	４８５０万円		
		利益	２１０万円
（合計）	５６１０万円	（合計）	５６１０万円

④１０００万円の返済額年間２００万円があったので、１年後はこう変わる

B/S

現預金	５６０万円	長期借入	５２００万円
固定資産	４８５０万円		
		利益	２１０万円
（合計）	５４１０万円	（合計）	５４１０万円

そのとおりです！

「どうするんですか⁉」

どうしましょう？

「どうしましょうって…また借りる？」

正解！

「正解って…たった二年でまた借りるんですかー…なかなか借金返済はすすまないなー…」

あれ？そうですか？ちゃんと二年後の貸借対照表、考えてみました？ちゃんと減ってるはずですけどねー。

使えない金

固定資産とそのためのお金の借り方、つまり固定負債のバランスはまだわかりやすい。問題は流動資産のほうだ。

年商三億円のこのB社長の会社、つねに売掛金が二〇〇〇万ほどある。月によって多少の増減はあるが、ならせば二〇〇〇万ほどだ。

年商三億円、月商に換算すれば二五〇〇万だ。そのうち二〇〇〇万が売り掛け、つまりお金が入ってこない。

いや〜、それは毎月繰り返されるわけだから、いってこいで翌月からは同じなんじゃないのー？

そう、そのとおり。でも、スタートはどうなります？最初の創業の年は？最初の月は？ほんとのスタートのときから月商八割も売り掛けがあったら、金のやり繰りがつかないじゃないですか？

損益計算上は成立しますけどね。現実の資金繰りじゃやっていけない。どうするか？

B社の場合は仕入はほとんどゼロに近い。ゆえに在庫もなければ買掛金もない。売ったお金が掛けで入ってこないからといって、仕入も掛けにする（買い掛け）ことはできない。

どうしたか？

B社にとっての原価はほとんど人件費。一五〇〇万くらいが人件費になるが、それを翌月払いにしているわけだ。

つまり、バランスシート上では流動負債の未払費用に一五〇〇万計上されている。

もちろんそれだけでも足りない。その他の経費もあるから、結局売り掛けと同じくらいの二〇〇〇万が未払費用になっている。

ここだけ見れば、流動比率はちょうど一〇〇％ってわけだ。

理論上、これでつじつまは合っている。月商の掛け売りじゃない残りの五〇〇万で、掛け支払いにできない費用をまかなえばいいわけだ。

でも、現実として想像してください。確かに決算期末じゃあバランスとれてますよ。期末、つまり月末だ。

運転資金は、どうして必要なのか？

月　末

売上	1000万円
仕入	800万円
利益	200万円

しかし、売上の入金が2ヶ月後、仕入の支払いが1ヶ月後だと、

入金	0万円
仕入	800万円
現金	マイナス800万円

だから、運転資金は必要だ！

次の月、同じ日に売掛金が全部入金されて、その後で未払い計上した費用の支払いができるのであれば、翌月の月末もつじつまが合うでしょうけどね。

もし、給料の支払日を翌月五日とか一〇日にしてたらどうでしょうね？たぶん払えないでしょう。売り掛けの入金日をよほど早めにしとかないと、綱渡りになりますよね。

結局、どうするかといえば、月末では帳尻が合うだろうけど、月中じゃ資金繰りがつかないわけだから、借りてくるほかない。

年商三億円のB社、固定資産を購入して、損益計算上利益は出るようになったとして、それでも足りないのは前項までのとおり。多めに借りた一〇〇〇万も二年でなくなる。現金及び預金残高にあってても使えない。

どころか、もっと借りておかなければいけないのが現実ってわけだ。

それが、俗に言う、運転資金。月末じゃつじつま合うけど、月中はそうはいかないでしょう？

これが資金繰りの難しいところ。さらに、在庫があって買掛金もあってとなれば、もっと複雑になってくる。

ベンツを買っておくと便利かも…

こうしてバランスシートをまじまじ見ると、昔から言われてたことだが、自己資本（純資産）三割は目指しましょう、っていうのは正解です。

正しいですよ。

銀行の融資係のときも、設備資金の場合は自己資金三割ないし二割っていうのはありましたね、そういえば。

それってこういう意味だったんですよね。

固定資産をオール借金でやるのが、いかにその後大変なことか。

収支が合っても、たとえ表面だけでも利益が出ちゃえば税金かかるし。

耐用年数ははるかに長いけど、銀行の融資の期間には限界があるし。

ならばといって、固定資産なしで流動資産だけ…それなら長期で借りればバランスはいいけど、返せるかどうかはただ一点、利益のみ。

これで赤字になったら、迷うことなく赤字経営イコール借金経営ってわけだ。

じゃあ、ベンツでも買って固定資産計上して。利益出てたら減価償却費も落とせるし、節税になるし。借金して買っても減価償却の範囲内だったらつじつま合いますよね？

それだと固定資産もあって、なんとなくバランスシートのすわりもいいか？


あ、そっか。

だから、か。

あ、それ、私の会社のバランスシートか？

あ、いやいや、私はリースです。

リース料として落としてます。正式な勘定科目は賃借料！

だってコンサル業で固定資産があるほうがおかしいでしょ？

コンサル業で固定資産から売上や利益が生まれます？生まないでしょ。

そういう本業と明らかに関係なさそうな資産、載ってませんか、アナタの、アナタが見ているその貸借対照表に！

第四章　ホントの決算書、ウソの決算書
～損益計算書と貸借対照表のキケンな関係～

「お願いします！粉飾おしえてください！」

プルルル、プルルル…。

午後六時。

いくつかの相談電話も落ち着いて、少しくつろいでいると電話が鳴った！

「あ、どうもご無沙汰《ぶさた》してます。東京のMです。いまちょっとよろしいですか。今期四〇〇万の赤字なんですよ。このままだったら借りられなくなるかもしれませんよね？」

ああー…Mさん、一年ぶりくらいですねー。前置きなしでいつもいきなりですよねー。

「前期までで九五〇万の赤字ですから、これで四〇〇万赤出したら完全に債務超過ですよね？」

そうですねぇ、資本金一〇〇〇万ですからねぇ…。

「これ、やっぱり、売上足したほうがいいですよね？」

ほんと、どうなんだろうなぁ…確かに、『粉飾バンザイ！』なんて本を書いてる私がいけないんだろうけど…料理の味が気に入らないからといって、まるで砂糖かしょう油でも足すかのように、売上足したほうがいいかですって？

良いか悪いか、私の口からなんとも言えませんよねぇ。

「いや、やって良いか悪いか聞いてるわけじゃありません。黒字にするのにはどこの数字をどうしたらいいかを…」

それこそ答えられませんよ。足し算と引き算じゃないですか。どこにどの数字を足したらいいか、あるいは引けるものなら引いて少なくすればいいだろうし。

「わかりました。やっぱり売上に足します。それしかありませんよね？うん、それしかない」

何がどうわかって、どのへんでやっぱりなんだろう。

で、売上の数字増やせば引き算の答えはプラスになりますけど、その分どこを増やすんですか？

失礼ですが、その粉飾はバレバレです！

ほんとに算数のテストじゃないんですから。

机の左側に貸借対照表、右側に損益計算書を並べてみましょうよ。申告書とか内訳書とかはいらないです。販管費の明細もいらない。

さあ、じゃあできあがった損益計算書の売上の数字にどうぞ好きな数字を足してください。後で消したりできるように鉛筆がいいですね。

引き算して答え（当期純利益）を計算してください。出ましたね？△四〇〇万からプラスの一〇〇万ですか。五〇〇万も答えが変わったんだ。

そうすると、貸借対照表、その中の右下、そう純資産額、そこが変わってきますよね？

いま△の三五〇万になってますでしょ？そこがいくらになりますか？

そうそう、そこに五〇〇万足すわけですから、プラスの一五〇万ですよ。資本金一〇〇〇万で前期まで△九五〇万に今期△四〇〇万、それが今期プラスの一〇〇万になったわけでしょう？…そう、トータル△九五〇万＋一〇〇万で△八五〇万です。資本金一〇〇〇万から八五〇万引くから、差し引き一五〇万の純資産額です。

そうそう、よくできました。

さあ、負債と純資産の部の合計が変わりましたよ。再計算しましょう。そうそう、前より五〇〇万増えちゃいましたね。

売上を水増しすると、B/Sはどう変化するのか？

B/S

資産	1650万円	負債	2000万円
		純資産の部	
		資本金	1000万円
		利益	△1350万円
（合計）	1650万円	（合計）	1650万円

売上を500万円水増しすると…

B/S

資産	1650万円	負債	2000万円
		純資産の部	
		資本金	1000万円
		利益	△850万円
（合計）	1650万円	（合計）	2150万円

バランスがとれない！

さて、その増えた分、資産の合計と合わなくなりましたよ。どうしましょうか？

「このままじゃいけませんか？このまま資本の部の合計だけ直しちゃうっていうのは」

アー、それいい！面白いかも！ワープロで決算書作ってね、自動計算しないでそのまま合計も手入力して作っちゃう。

税務署にも銀行にもそれを出しちゃう？指摘されたら、あら計算間違いしてました、ごめんなさいって？

んなわけにいきますかってーーーーー!!

貸借の合ってない決算書、そのまま出してくれる顧問税理士事務所なんかありますかってーの！

でも斬新で面白いなー…。あ、そういえば、銀行に出す決算書だけ売上から仕入から経費から、税務署より膨らました決算書、前にどっかで見たな…誰だっけかなー…。あれも面白いケースだったなー…おっとそうじゃなくって、いまはMさんだ。

そんなわけにいきませんよ！

「売掛金に足すんですね？売掛金に足せばいいんですよね。でもおかしくないですか？年商一億四〇〇〇万で売掛金いまでも四〇〇〇万あるんですけど」

だからさ、いちいち、おかしいかどうか、聞くのやめてよ。答えづらいからさー。

利益はこうして細工する！

損益計算書だけだったら、本当に足し算と引き算だけだ。気に入った答え（当期純利益）にするためには、入りの数字（売上や営業外収入）を足すか、出てった数字（仕入や経費）を少なくするなり…あるいはその逆か。

まあ、勝手にどうぞ。それをやれば良いか悪いかといったら悪いことですからね。

でも、たとえ動機は不純でも、そういう目で見ることによって、勉強にはなるかもしれない。

貸借対照表と損益計算書の構造はこうだ。

つながっているのは、損益計算書の当期純利益の数字と貸借対照表の純資産の部、ここがつながっている。

以前（旧会社法では）は、当期純利益の数字の下に、前期繰越利益という数字があった。その合計として当期未処分利益。その当期未処分利益が純資産の部と同じ数字になっていた。

ところが、新会社法では損益計算書は当期純利益どまり。純資産の部では繰越利益剰余金としてのみの表示になってしまった。

この違い、わかります?

前期までの繰越利益と今期の利益との区別が、純資産の部ではなくなったんですよ。

旧会社法では、資本の部のところに、当期繰越利益の表示があってその中にカッコ書き当期利益ってあったんですよ。ということは、ひと目で前期までの利益と今期の利益がわかったんですよ。

B/SとP/Lの関係

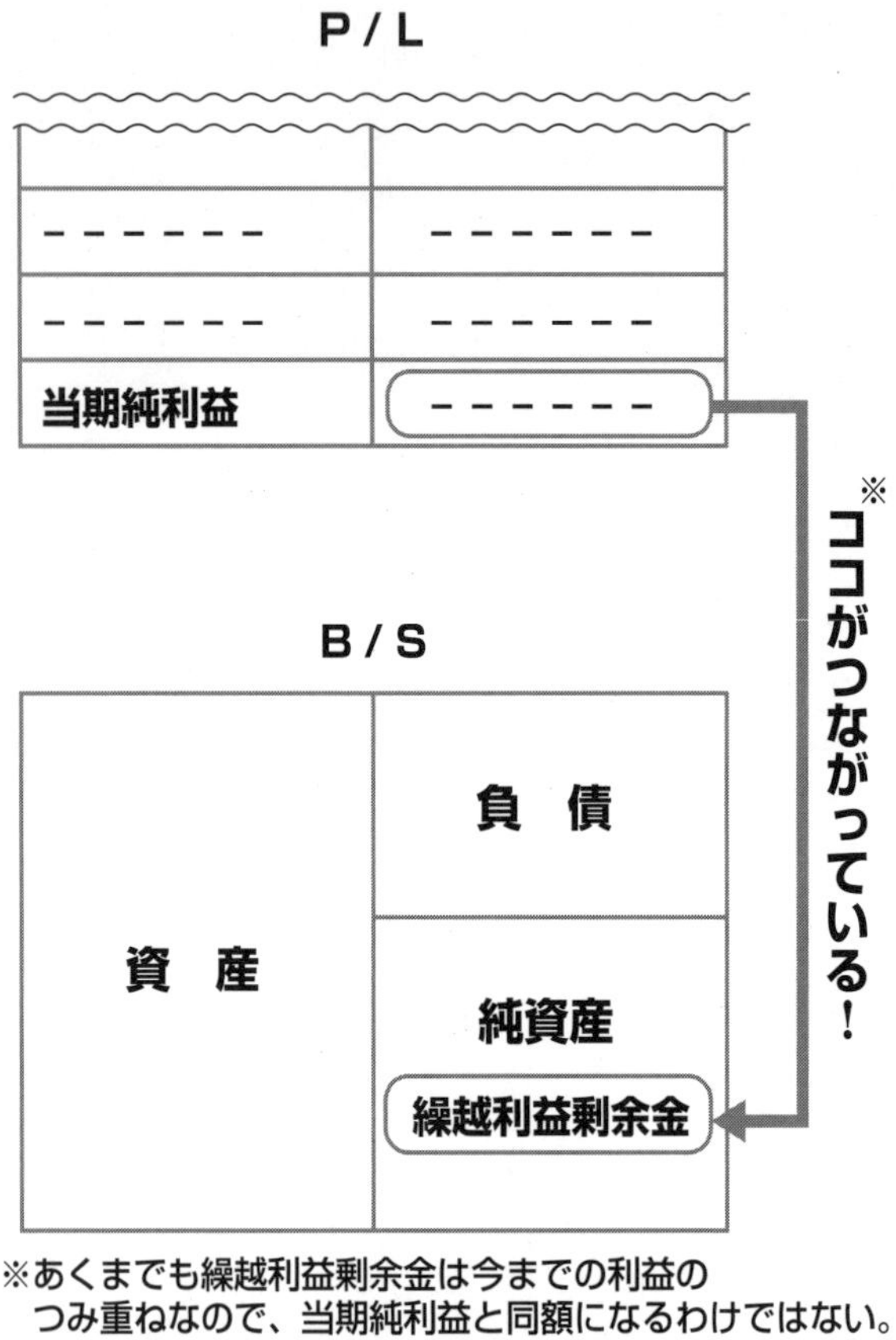

※あくまでも繰越利益剰余金は今までの利益のつみ重ねなので、当期純利益と同額になるわけではない。

でも、新会社法後の純資産の部の表示だと、損益計算書と合ってるかどうかひと目ではわかりませんよね。

「なら、やっぱり、損益計算書だけいじってもよろしいんとちゃいますか？」

いやいや、ダメダメ。

確かに、損益だけいじっても貸借に当期純利益の表示はないけど、前期の決算書と並べてみればわかるし、だいたい株主資本等変動計算書でばれるから。

「なんすか、その株主なんたら…」

以前の利益処分案みたいなもんですよ。

とにかく、いまある決算書から利益をいじって増やすということは、なにかしら資産を増やすか、あるいは負債を減らすか、その両方か、この三つの中から選ばなきゃいけないいんですよ。

しかも、もう現金や預金は動かせないわけですよ。なぜなら、決算書が出来上がってるときには、決算書の日付は過去になってしまっているんです。

ま、あくまでも勉強のためのシミュレーションってことであれば、どこの数字をどういじろうが、それこそ勝手ですけどね。

あっちも、こっちも

出た分の利益しか借入を返せない、っていうのはそういうことなんですよ。結局、損益計算書で出た利益の分しか資産は増えない。そのすべてを借入返済にまわしたとしても、その利益の分しか負債は減らない。

せめて減価償却費と足した分も負債を減らせるか。

だから、利益分以上の銀行借入を約定どおりに返済し続けている…という場合は、利益に足りない分は（減価償却で足りなければ）、ほかの資産を減らしている（換金）か、ほかの負債が増えているか、のどれかしかないってことなんです。

ま、ひとことで言えば、やり繰り返済ってことです。

さあ、利益を出そうと苦心しながら決算書とにらめっこのMさん。売上を増やした分、どこのどの数字をいじるんでしょうか。

「現金増やしたいけど、預金は銀行の手前いじれませんから、現金そのものだったらよろしいですか？」

いや、だからね、銀行へ融資の申し込みしたくて、OKもらいたくて悩んでいるわけですよね？ 預金口座じゃなく現金で期末に五〇〇万ある？

へー…って思いますよね。期末に会社の金庫に五〇〇万もあったんですかー…Mさんとこの業種は小売りと卸売りですよねー、月商一二〇〇万弱、ということは日当たり四〇万?ってことは一〇日分の売上が金庫にそのまんま?

「おかしいっすね。ありえない…なら、やっぱり、売掛金を増やします。もうおかしく思われてもいいですわ」

そうね。五〇〇万売り掛け増やすと四五〇〇万の売掛残、卸しと小売業で売り掛けサイトが四ヶ月弱、おかしいっていえばおかしいけど、そうだ、って言い張ればそうかもしれないしね。

「なら仕入を減らしますわ。仕入を減らすとなれば…買掛金を減らす?ということは…」

あーーー…買掛金がマイナスになっちゃいますね。買掛金はいま四〇〇万しかないですから、仕入五〇〇万減らして、その分、買掛金も減らすと、マイナス一〇〇万になっちゃいますね。

仕入を減らす…仕入れなかったことにする、つまりその分買掛金もなかったことにする？つじつまとしてはそのとおりですけど、買掛金はそれほど残ってない。

「あーもう！わけわからんですわー。ならいっそ、売上足して、それでベンツでも買ったことにしちゃいましょうかー！！！」

あ、面白い！車両運搬具に五〇〇万足しておく？期末に買ったことにして償却はなしってことで？

いいなーそれ。

吹きだまり

売上を五〇〇万も水増しして、それでも当期純利益は一〇〇万。それでつじつまが合わなくなった分、車両運搬具に五〇〇万計上しておく…面白いけどなぁ…固定資産内訳書はどうするの？とかいろいろ頭に浮かんでやっぱり無理！

それに当期純利益一〇〇万で五〇〇万の買い物っていうのは、じゃあ差額四〇〇万はどうやって買ったんだ？ってことになっちゃうじゃないですか。

ほら、前章の固定資産と固定負債のバランスですよ。車をローンで買いましたっていうんなら、それに見合う長期未払金があればね…。


こういう仕入を減らしたい、けど買掛金はこれ以上少なくできないって場合によく使われるのが前払金かな。

前払費用はその名のとおりいずれ費用となるもの、つまり経費関係だ。もっというと、時間（月日）の経過とともに費用になるべきもの。身近な例でいうと家賃なんかもそうだろう。たった一ヶ月といえども厳密に言えば前払費用（そういうごく短期で繰り返されるものは前払費用の処理はしない）。


「なら、仮払金はどうですか？」

仮払金もいいけどさ、その名のとおり、仮に払ってるお金だから、いったい何?って思われるでしょ?本来、決算期末まで仮払いしてちゃおかしいんだから。経費の中に雑費って科目があるけど、それよりも変なんだよ、ほんとは。

ま、変と思われるのを承知で計上するんならいいんじゃない?

それにMさん、すでに四五〇万仮払金あるから、五〇〇万足したら一〇〇〇万近い数字だね!年商一億四〇〇〇万で一〇〇〇万の仮払いはおかしいだろう。

そもそもこの仮払金ってなに?あ、言いたくなければいいよ、あまり聞きたくもない気もするし。

「株で穴あけたんです」

は?株で、損した?けど、その処理をしてない?ってこと?有価証券にそのままおいておけないから、仮払金に引越しさせた、と。

「いくらなんでも売ってない株をそのまま有価証券においておけまへんやろ。税理士

B/Sの吹きだまりたち

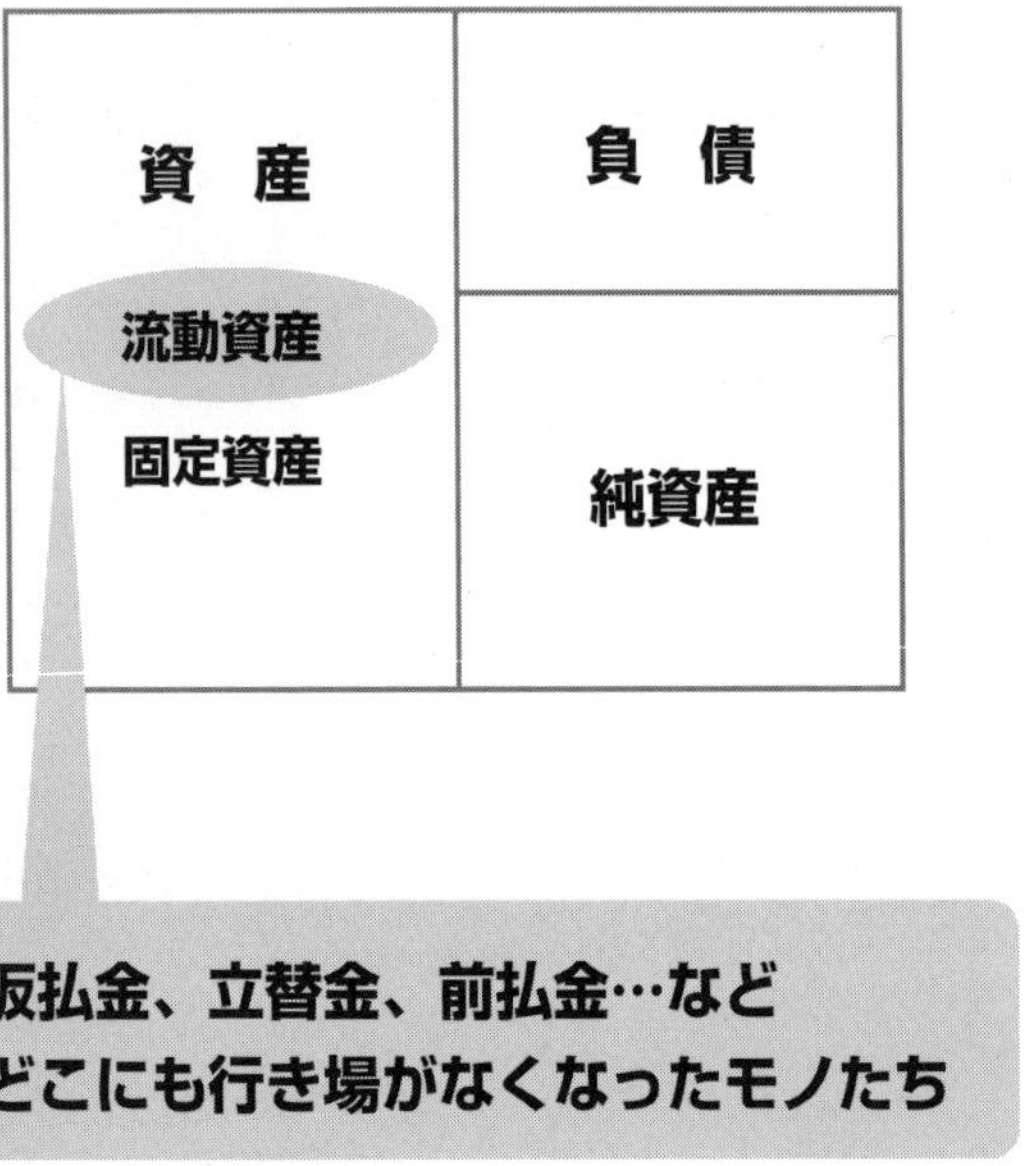
資　産
流動資産
固定資産
負　債
純資産
仮払金、立替金、前払金…など
どこにも行き場がなくなったモノたち

事務所もそれはまずいって。なんとかお願いして仮払いにしてもろたんです」

そうねぇ…ほんとは有価証券売却損を計上しなきゃいけないわけだしねー。仮払金計上してくれただけでも相当理解のある税理士さんだよねー。

この、流動資産の下のほう、商品とかから下、仮払金とか立替金とか前払金とかその他もろもろは…吹きだまりだね。どこにも行き場のなくなったモノ（金）というか、もうないんだけど（はじめからない）…そういう内容のものが多いかな。

粉飾するには在庫をいじる？

新会社法になってからの貸借対照表と損益計算書では、同じ数字でつながりがひと目でわかるのはたった一個所になってしまいました。

ただし、表示（科目）は違いますけど。

そこは、貸借対照表の流動資産の商品と損益計算書の売上原価の中の期末棚卸高。

「これ、この期末棚卸高、ここの数字を増やしたらどないでっしゃろ？その分商品も増やしたら全部合いますよね？」

気がつきましたね。なんでそこを最初に言い出さないんだろうって思ってましたよ。ここの売上原価というところ、ここだけ損益計算書の中ではちょっとだけ複雑かも。もともと損益計算書には計算式の表示がないから。プラスとかマイナスとか表示してくれれば素人にもわかりやすいのにねー（わかりやすいと困るのかな？）。

売上原価の計算式はこうだ。

期首棚卸高＋当期仕入高−期末棚卸高＝売上原価

その前後の式を加えると、売上高−（期首棚卸高＋当期仕入高−期末棚卸高）＝売上総利益となる。

現実の感覚としては、売上高－当期仕入高＝売上総利益だよね。かわされる会話のほとんどがそうだろうし。

よくいわれる在庫の水増しは、その期末棚卸高を実際のモノよりも大きく計上すること。もちろん流動資産の商品も同じ数字がくることになる。

なんのために水増しするかといえば、売上総利益を大きくするため。

売上総利益を大きくすれば、当然、当期純利益も大きくなるってわけだ。

なんだ、じゃあ、ここ（期末棚卸高）をいじればいいじゃないか！って思いますでしょ？

でもね、期首棚卸高が載ってるじゃないですか。ここだけ、この売上原価だけ、去年（前期）の数字が出てくるんですよね－。ほかのどこにも前期の決算の数字は出てこないのに、ここだけ出てくる。

そうするとさ、この期首と期末の棚卸商品の数字が大きく違ってくるとさ、単純になんで?って思うじゃないですか。

同じ人（経営者）が同じモノ（商品）を同じように（値段、売り方で）売ってるのに、なんで在庫が前期より大きく増えた（減った）って思いたくなるでしょう？（っていうか、思わなきゃいけないんですよ）。

「あぁ〜ウチの在庫、六〇〇万しかありませんわ。これ五〇〇万にしたらいくらなんでもおかしすぎますわー。なんでもっと前から多めにしとかんかったんやろー」

そういう後悔の仕方もめずらしいけど、月商一二〇〇万の卸売り・小売りで在庫が六〇〇万?そりゃまたずいぶん少ないですねー。ひょっとして生鮮食品でしたっけ？

利益を増やすには…

売上総利益＝売上高－売上原価

→売上原価＝
期首棚卸高＋当期仕入高－期末棚卸高

利益を増やすには売上総利益を増やす…

①売上を水増しする

すぐにバレる

②売上原価を小さくする

これしかない？

売上原価を小さくする方法

いじれるのは期末棚卸高だけ。
だから、期末棚卸高を水増しして計上する。

ホントかウソかは闇の中

たった一年分の貸借対照表と損益計算書。さらに販売費及び管理費の明細と製造業であれば製造原価報告書。なんらかの判断をする参考はこの三枚ないし四枚しかない。おかしいといえばみなおかしい、疑ってかかればきりがないだろう。

でもね、それだけだったら、ホントかウソかは言い切れないんですから、ここまでだけ読んで、めったなことを口にしちゃいけませんよ。

貸借対照表は結果、損益計算書はその過程。

ふーん…そうなんだぁ…ちょっと資産と負債のバランス悪いなーとか、この商売だったら、ここの在庫ちょっと多いんじゃないかなーとかね。そこまででやめておきましょう。

実際に決算書を目にすることができたなら、あとはその本人（経営者）の方と直接話をしてみて話のつじつまが合うかどうか？とかね。

あるいは、直接会社やお店に行って見て感じてみるとか。

なんだ、車両運搬具たくさんあるけど、決算書の数字は小さかったな、とか、ならばリース？そしたら販売費及び管理費の賃借料かな？とか思うわけですよ。

しかしほんと、いったいどこからが粉飾でどこまでがそうでないのかは専門家でも迷うところでしょう。

もちろん、本章のように、銀行から借りたいがために損益計算書の数字をいじるなんていうのは粉飾を超してます。

ありもしない数字を載せる…**これはもう架空、偽造といっていいでしょう。**

株で損したのを仮払いに載せるのは、これはありもしない数字ではなく、本来損で計上しなきゃならないのをしない（または来期にやる？）というのは、これは粉飾だな。

でもね、専門家の中には、税務署のルールで決算することそのものが粉飾だ！っておっしゃる方もいる。

つまり、税務署のルールというのは、税金をよりとりたいがために、利益が出るようなルールになってる…というわけですよ。

耐用年数が実際の感覚より長めに決められてるのもそうかとも思えるし、売上の計上なんかもかなり早い段階で計上されますよね。

じゃあ上場企業のように会計のルールで決算やって、税務署には税務申告書で別に計算してやるっていうのもなぁ…じつに手間のかかる話だ。

そもそも、会計処理にだって、二種類くらい処理が許されてることが多い。もし結果として利益が出るほうで処理したら、それって粉飾じゃないの？って思いたくなりますしね。

とりあえず、税務署のルールに合ってりゃいいしさ、って思いますでしょ。儲かってたら、そりゃ税金は少なければ少ないほうがいいしさ。

会社と社長個人、どっちで払うかといったら、個人で払うほうがまだましかなーって思いたくなるし。

あれ？ちょっとまてよ、個人の税金負担を軽くしたくて会社にしたんじゃなかったっけ？とか思いながらもあれこれやると、ほら、また決算書が見えなくなる…。

一度いじれば粉飾地獄！

本章では、ちょっと普通よりおかしな形になってるかもしれない損益計算書のことをテーマにしました。

いじろうと思えば、損益計算書はいくらでもいじれます。

でも、結果は必ず貸借対照表に表れるんです。

いじったらいじった分だけ、その目的が粉飾か架空か脱税か、はたまた節税か。

たった一年分の貸借対照表と損益計算書、そして販売費及び管理費の明細書、あるいは製造原価報告書だけでも。

そして、一度いじれば、翌年以降もいじった決算書をもとに決算書を作らなければいけなくなるんです。

税務署に提出している税務申告書や科目内訳書は、銀行や金融会社以外ではなかなか手にすることはできないでしょう。

でも、商業登記簿謄本で調べることは誰でもできますし、知らんふりして会社を遠くから眺めたり、お店に行ってみたりはできるでしょう。

ひょっとしたら社長さん本人と話すこともできたりしますし、お店や会社の人と話すこともできるでしょう。

そういうときには、その会社のバランスシートや損益計算書を頭の中に想像してみましょうよ。

いいんです、細かい数字はどうでも。

でもね、おや？っと思っても、すぐに言葉にしちゃいけないですよ。

これがもし、二年分の決算書が手に入ったら、もっとわかってきますよ。二年分の貸借対照表と損益計算書とかがあったら…。

第五章　ベンツ買っちゃった！でも…
～キャッシュフロー計算書の基本と使い方～

キャッシュフロってどんな風呂？

「キャッシュフローについて講演をお願いしたいんですけど…」

そう電話をよこしたのは、某地方銀行の某支店の担当者の方だ。

いきなりキャッシュフローについて、って言われましても…銀行さん主催の講演会ですか？行員の研修じゃなくて？キャッシュフローについて、って…キャッシュフローの何についてですか？キャッシュフロー計算書のことですか、それとも…。

「あの、銀行でお客様を集めた会がありまして…定期的に交流会といいますか勉強会といいますか、そういったものをやっておりまして…そこで、ええ、まあ、よく耳にするじゃないですか、キャッシュフローが大事なんだ、って。それで、その…とにかくお願いできませんでしょうか」

キャッシュフロー計算書とは？

貸借対照表と損益計算書は必ずしも現金の動きと一致しない！

↓

例

入金されていないのに計上されている

サービスの代金を払っていないのに計上されている

↓

徹底して現金（キャッシュ）の動きを追った決算書が必要になり、キャッシュフロー計算書が生まれた。

ああ、そうですか…いいですけど…二時間もつかなぁ…だって、キャッシュフローって、とどのつまり、資金繰りのことでしょ？

単なる金の出入り？

だから、キャッシュフロー計算書を理解しよう、覚えようってするからダメなんですよ！

そんなね、間接法だとか直接法だとか…決算書二年分並べて見りゃ想像つくじゃないですか。売った金がいったいいくら入ってきたかどうか、仕入や経費を払ってるかどうか、全部載ってますよ。

見たまんま。

損益計算書の見方で最初に話しましたよね。見たまま判断しましょうって。

貸借対照表では、上から並んでいる順番はお金になりやすい順に並んでるって。売上に関係している順番だって。

キャッシュフロー計算書の3区分

営業キャッシュフロー

・商品の販売や提供による収入
・商品の仕入による支出
・人件費や利息、税金の支払い
…など

投資キャッシュフロー

・土地、建物、有価証券の取得による支出と売却による収入
・貸付金の回収と支出
…など

財務キャッシュフロー

・借入れによる収入
・借入れの返済による支出
…など

払うほう（負債）もそう。

営業キャッシュフローっていうのは、この売上に関する資産と負債の増減と損益計算書の経常利益までの項目を足したり引いたりして見るんです。

たとえば、売上が一億円ありました。その貸借対照表に売掛金が二〇〇〇万と載ってました。さあ、入ってきた売上代金はいくら？

はい！〇〇支店の、えーっと…△△クン！

「え、えーっと…」

売掛金ってどんな内容だって話しましたっけ？

「売って入ってきてない代金です…」

キャッシュフロー計算書のフォーム（間接法）

営業キャッシュフロー	
税金等調整前当期純利益	×××
減価償却費	×××
連結調整勘定償却額	×××
貸倒引当金の増加額	×××
受取利息及び受取配当金	－×××
支払利息	×××
為替差損	×××
持分法による投資利益	－×××
有形固定資産売却益	－×××
損害賠償損失	×××
売上債権の増加額	－×××
棚卸資産の減少額	－×××
仕入債務の減少額	×××
小計	×××
利息及び配当金の受領額	×××
利息の支払額	－×××
法人税等の支払額	－×××
営業活動によるキャッシュフロー	×××
投資キャッシュフロー	
定期預金の純減少額	×××
有価証券の取得による支出	－×××
有価証券の売薬による収入	×××
有形固定資産の取得による支出	－×××
有形固定資産の売却による収入	×××
投資キャッシュフロー	－×××
財務キャッシュフロー	
短期借入金の収入	×××
短期借入金の返済による支出	－×××
長期借入金の収入	×××
長期借入金の返済による支出	－×××
配当金の支出	－×××
財務キャッシュフロー	×××
現金及び現金同等物に係る換算差額	×××
現金及び現金同等物の増加額	×××
現金及び現金同等物の期首残高	×××
現金及び現金同等物の期末残高	×××

ってことは？一億の売上で二〇〇〇万の売り掛けってことは？

「は、八〇〇〇万の売上収入です…」

正解！それがキャッシュフローよ。
じゃあ、前期に三〇〇〇万の売掛金があったとしたら？
同じ条件で、いくらのキャッシュフローになるでしょうか？えー…っと、□□支店の☆☆クン…。

「…」

前期は三〇〇〇万の売掛金があったの。今期は一億売って二〇〇〇万の売掛金だったの。で八〇〇〇万の売上代金が入ったの。前期の売掛金はどこいったの？

「…回収されました…」

そうだね。回収されたってことは？お金で入ってきた、ってことだよね。実際には振り込みだったかどうか、そこまではわからないけどさ。

ってことは、売った代金が入ってきたのも売上のキャッシュフローだから…さあいくら？ついでに計算式も言って。

「八〇〇〇万＋三〇〇〇万で一億一〇〇〇万です」

大正解！！それがキャッシュフロー。

そうやって、仕入や経費も同じように計算できるんです。

二年分の決算書を並べて見れば、いくらお金が入ってきて、どう出て行ったか、どうやり繰りしたのか、いくら借りてきたのか、本当に借金返せてるのかわかるんです。

財務と借金

固定資産っていうのは、よく設備投資っていうじゃないですか。だからキャッシュフロー計算書では投資キャッシュフローっていう項目にくくられるんですよ。

ベンツ買ったらここにその金額が出てくるんです。

本当に儲かって、利益が出て税金も払って、それでベンツ買ったのなら、営業キャッシュフローがそのベンツ代金以上になってなきゃおかしいんです！

ベンツのE三二〇アバンギャルド、グレードはピンキリだけど、新聞広告だと七〇〇万くらいするね。なら営業キャッシュフローは七〇〇万以上ないと、本当に儲かって買った、とはいえないんだなー。

じつは借金してベンツ買った？

なら、その投資キャッシュフローの下の財務キャッシュフローっていうのに出てくるでしょ。

「財務」なんて表現するから難しく聞こえるんです。借金っていえば誰にでもわかるのにねー。

ここが一番勘違いしやすいところなんだよね。

これいうと、「いや、ウチは借金で買ったんじゃない。キャッシュで買ったんだ」なんて言われちゃう。

でもさ、ならば、ここの財務キャッシュフローはマイナス、つまり長期借入や長期未払金が減ってなきゃおかしい…でしょ？

買っちゃった…

つまり、とりあえず、手元に預金があったから、それで設備投資はしちゃった。ベンツは買っちゃった。買えちゃったともいえる。

でも、結局、お金が足りなくなったから、銀行からお金を借りちゃった…ということが往々にしてある。

損益計算書ベースでそれなりに利益が出て儲かっている会社に起こるのがこれ。規模が大きくなってくると、手元にあるお金もそれなりに多い。

だから銀行からお金を借りなくても投資ができちゃったりする。

ベンツ買っちゃって、お金足りなくなって、それで銀行から手貸し（短期借入金）で借りちゃったりしたら大変なことですよねー。

投資ってことは、長く使うもんだよね、決算書で中身はわからないけど、とりあえず長く使うのだけは確かだよね。

それを営業キャッシュからじゃなく財務キャッシュで補う…カッコ良くいうと資金調達する…とりあえずつじつまは合う。

けど、バランスはどうよ？

固定資産が増えて、流動負債が増える…おかしいな、ってことですよ。

ん？ましてなんだこれ？

バランスシートの二年分並べて見たら…投資等が増えてる。それも有価証券？それって株？

とても営業キャッシュフローの範囲内じゃないよ。

ってことは、銀行から借りたお金で株をやってるの？

あららー、そりゃー資金使途自由な銀行の事業ローンはあるけどさー、それで株やっちゃいかんだろー…。

ってことまでわかります。

それがキャッシュフロー。

ビジネスローンで株やっちゃった…

「あの、株やって、えらい値下がりしてるんですけど、それって銀行にバレますかね？」


年商一五億円の小売業を営むA社長から電話だ。別にリスケするほど資金繰りが苦しいとかではなく、なんとなく以前からお付き合いがある。

別に買った株が値下がりしてるかどうか、決算書見ただけではわかりませんよ。貸借対照表には有価証券としか載ってないんですから。

「でも、科目内訳書見たらわかりますよね?」

そりゃー、まあねえ…有価証券の内訳書に株の銘柄が載ってて、それ見た銀行員が株価調べりゃわかりますけど。

聞きたいのはそういうことじゃないんじゃないですか?

あけたんですか、穴?貸借対照表に、穴、あけちゃったんですか?

「…五〇〇〇万…やっちゃったんですよー…」

もうここまでお読みいただいたのならおわかりと思いますが、株を買ったかどうか、つまり投資をしたかどうかは、貸借対照表を二年分並べて見ればすぐわかること。

もちろん、それを本当に自己資金で買ったのか、そうでないのかはキャッシュフローで見れば、これもわかる。

ただし、はたしてそれが儲かったか損したかは、実際に売って初めて損益計算書に出てくる話だ。

まして、その当年中に買って、決算が来る前に損してしまったとなったら、さあどうする？ってのが悩みのタネ。

でも不思議だよなー。

株で穴あけた相談は多い。しかも、年商は一〇億前後からの規模の会社で、五〇〇〇万前後っていうのが多いよなー。

これって、ひょっとして、都市銀行のビジネスローンのせいじゃないの？

そもそもA社長の相談も、五〇〇〇万、株で穴あけたからその資金繰りの相談じゃないもんな。

「あ、それは大丈夫なんです。ちゃんと借りときましたから」

いやだから、それ、おかしいって。ちゃんと借りといたんじゃなくて、借りた金で株やったんでしょ？
ま、いいか、この際。

「もう引けないんです！」

その言い方だと、「損」はまだしてないんですよね？誰だって、借りた金五〇〇〇万も株に突っ込んだりしませんもんね。

信用買い、やったのかな？

で、期日が迫ってて、払わなきゃいけなくなってると。でもとりあえず借りた金があるからその心配はない、と。

でなきゃ、値下がりして困ってる、なんて言い方しませんもんね。そうですよね？

「そうなんですよー。税理士事務所の担当者は、ちゃんと有価証券売却損として計上しないと粉飾決算になるって言い張るし」

いや、言い張ってるんじゃなくて、実際そうだから。

「なんかこう…うまい方法ありませんかねー」

損が確定してしまったものをそのまま載せてたら、そりゃ確かに粉飾決算だ。

だいいち、有価証券の科目が前期より五〇〇〇万も増えてたら、銀行には株買ったことが一発でばれる。

でもほら、とりあえず、そのまま載せてもらってたら?顧問税理士さんにお願いしてさ。後の処理は来期に考えましょうって。

税務署からその処理で何か指摘されても、一切こちらが責任持ちますからって、一筆差し入れでもしてさ。

「それで来期はどうするんですか?」

どうって言われてもなー…損したのは事実だし…雑損失にでも計上してもらいますか?

年商一五億で五〇〇〇万の雑損失…ちょっと大きい金額かな…。

なら、せめて今期は仮払金にしといてもらってさ、来期またカラ売りでも買いでもやってさ、五〇〇〇万儲けて、それチャラにしたら？

それできるんだったら、仮払いより前払金にしといたほうがいいかな。

今期あった仮払金が翌年なくなってる…キャッシュフローでいうと、出てったお金が戻ってきたことになるから。

仮払いが戻ってくるより、前払いが戻ってくるほうが自然かなー。

でも、どっちにしても、顧問の税理士事務所の担当者がなんというか…。

「いや、それします。どっちにしろ、ここで引く気はありませんから！」

子会社へ飛ばせる？

A社長…まだやる気なんだー。

それよりもさ、子会社かなんかありませんか?

年商一五億だったら子会社の一つや二つありそうじゃないですか?

直接親子になってなくてもさ、社長個人が資本金出してる会社とかさ。


「それで?子会社あったらどうするっていうんですか?」


んー…なんかよくわかんないけどさー、昔、証券会社でよく飛ばしてたっていうしさー。株の取引って一口でいってもさ、いろいろあるんでしょ。ナントカ信託とかホニャララ債権とかファンドとか。

A社長のだって、単純に、株じゃないんじゃないのー?

だったらほら、親が損した債権、子会社で買わせるとかさ。いまは、やってくれないのかなー。

損が出ることがはっきりしているものを子会社に買い取らせる。

キャッシュフローで言えば、買った価格で売ったことになるから、入りと出は同じ金額になるわけだ。ただしその子会社で損失を計上することにはなるが。

中小企業の場合は連結決算の必要ないからギリギリセーフのやり方かな？

「でも、子会社のほうも銀行に決算書出したら、バレますよね？」

そりゃそうですよ。

結局は遅かれ早かれ、ではありますね。ただそうはいっても、あとはどういうタイミングでそれを表ざたにするかの違いだけでしょう。

オカシイといえばオカシイ

A社の場合は、投資取引で損したものの、お金がある分まだまし。これで本業の資金繰りが悪化したらどうするか？

そりゃもう、その損失を計上する決算が確定する前に、融資の申し込みをするしかないじゃありませんか。

いますぐ事業ローン、ビジネスローンを申し込め！ってことですよ。

そういう投資をするくらいなら、前期までの決算書の業績は良いはずですから、その実績で融資の審査をクリアしましょうってことですね。
損失の処理のことやなんかは後回し！

「それで子会社使って処理する方法なんですけど、子会社にお金がない場合は…」

じゃあ、親からお金回しますか！
子会社とは仕入取引でもあれば前払金として処理したらどうです？
これなら仕入支払いのキャッシュフローってことになりますから！

「おかしくないですか？」

年商一五億の小売業で仕入率をその八割として一二億…それがなぜか五〇〇〇万多い一二億五〇〇〇万の仕入支払いか…流動資産の増減を見れば前払金の五〇〇〇万の増加…おかしいといえばおかしいかもしれないし、そうでもないといえばそうでもない金額だよね。

金が回るかが勝負

結局、中小企業の場合の決算書の見方というのは、お金が回ってるかどうか、これじゃないですか。

それが、必ず決算書の中には表れているんですよ。

二年分の貸借対照表と損益計算書があれば、いったいどうやってお金のやり繰りしたかはおおよそ見当がつきますよ。

前期より資産が増えた…お金が出て行った。

モノが増えたのも資産の増加ですけど、それは買ったから増えたわけですから、買った…つまりお金が出て行ったってことです。

じゃあ、そのお金、代金は払ったの?っていうのが負債の増減。

買っても払っていないなら未払いが増える。借金して買ったのなら長期借入が増える。それらを、売ったお金と仕入や経費にかかったお金と分けて見ましょうね、ということです。

売ったけど入ってこないのが売掛金。いま売掛金が一ヶ月の売上相当分あったとしましょう。

ならば、売上が二倍になったら？

売掛金も二倍になるでしょうね。

普通に考えれば利益も二倍になるはずですけどね。

でも、そもそもいまの利益が小さいのに、売上だけ伸ばしたら…お金がもっと足りなくなる！

いまの売上で赤字なのに、売上伸ばしたら…赤字も倍になって掛け売りも増えてお金はますます足りなくなるかも…かもじゃなく、そうなるでしょう。

売掛金があるから買掛金があってもいい？同じだったらＯＫ？

そりゃバランスがとれてればいいけど、話は違うよね。売ってもらわないのはこちらが悪い。買って払わないのはもっと悪いよね。

買ったモノはどこいったの？

在庫？在庫にある？ないのに買掛金だけあるのはなおよくないよね。

買って払わないだけじゃなくて、それを売って払わないんだからよけいに悪いだろう。


仮払金や貸付金？

仮払いというだけでおかしいし、貸付金ってそれって金融会社じゃないんだから。


と、素人的に感じた印象はほとんど正解！

でも、決算書は過去だから。

大事なのは現在です。

え？二年分はおろか三年分の過去の決算書でそういう科目が増え続けてる？それは今後も増え続けるかもしれないなぁ…。

結局、会社が自力で稼いだお金というのは営業キャッシュフロー。

これがプラスになってればよし。

仮に損益計算書でマイナスになってても、ここがプラスだったらまずはよしとしましょう。

損益計算書の数字はあれこれいじってプラスにできても、営業キャッシュフローはそうはいかないですから。


だって、入ってこなかったお金を入ってきたことにはできないでしょう？

キャッシュフロー計算書と資金繰り表

じゃあ、さっきの□□支店の☆☆クン。

キャッシュフローが一億一〇〇〇万って計算になったよね？

ってことは、そのお金がいったいどこの銀行に入ってきたんだろうね？

もし自分の銀行がメインだったら？

取引履歴を見たらわかっちゃうんじゃない？

「あ…」

そういう目で決算書は見るんですよ。

いまどき、現金で売って、そのまま会社の金庫に置いといて支払いも全部現金でやる会社って、そうそうないんじゃないの？

そうすると、融資の際に目にすることの多い資金繰り表、あれ、このキャッシュフロー計算書とほとんど同じです。

資金繰り表のほうが項目がより細かく分かれているし書式がバラバラだからわかりにくそうですけど、要領は同じです。

結局、営業キャッシュフロー（資金繰り表では経常収支）がきちんと出てないと、損益計算書で利益が出てても、借りたお金は返せません…ってことですね！

その逆も真なり。

損益計算書が赤字でも、たとえ債務超過であっても、営業収支さえ回ってれば、会社は倒産しませんね。

あ、財務収支（借入返済）は…リスケって手段もありますから！

ご心配なく、支払利息は経常収支にちゃんと含まれてますから…。

あとがき

皆さん、車、持ってますか？

じゃあ…そこのアナタ、それ、いくらで買いました？

新車で二〇〇万しました？

もう三年たってる？

じゃあ、半分の一〇〇万が現在の価格としましょう。

その理由は私のベンツ本をお読みいただいたのなら、納得していただけますね。

皆さんお若いから、ローンで買ったのかな？残債はいくらあるか憶えてますか？

もし、一〇〇万以上あったら…アナタは債務超過です。

…シーン…

ある金融関係の会社での新人研修でのヒトコマである。

ベテランの皆さんは、住宅をお持ちですか?
お持ちですと、住宅ローンもお抱えですよね?
ということは…もうおわかりでしょう?

いやちょっと待て、そんな乱暴な話はないだろう。
それなりに預金だってあるし、収入だって…それに、車のローンも住宅ローンも一度も遅れたことないぞ!

…という声が聞こえそうです。

もちろん、単純に固定資産と固定負債の残高比較だけではありません。でも、もし、負債のほうが多いとして、その差額を埋める以上の預貯金か何か資産がないとしたら…債務超過という結果にそう大きく変わりないんじゃないかな。

なぜそういう結果になってしまったか、その計算の根拠は?

…となれば、税金や会計のルールをきちんと学んでいかなければいけないでしょう。

でも、たとえ個人であったにしても、バランスシートの考え方は会社（法人）の場合と同じです。もちろんその途中経過の扱いは違うし税金のルールも違いますけど。そもそも個人でバランスシートを作る必要がないからその考え方が身につかない…。

あ、ここまで書いてたら、大阪の相談者のN社長からの電話です。前著のあとがきにも登場いただきました。

N社長、ちょうどまた次の本のあとがき書いてたとこですよ。

「ああ～…『なぜベン』…の続編でっか」

なぜベンって…

「次はあれでっか、なぜ社長の奥さんはBMの二ドアなのか?とかでっか?」

あのねー…あ、でもそれもいいかも。

「ベンツのあとがきで思い出しました。そういえば、女房のソアラって会社の資産に載ってるんですけど、いいんですかね？女房は二年前に一応退職したことにして退職金も払うたんですけど、いまも乗り回してますけど…」

えぇーっと…それは…よくないんじゃないかなー…。
それは会社の顧問の税理士さんによく相談していただいて…。
そうそう、お電話いただいた件はどうしました？なにかワタシに相談があったんですよね…。

「そうそう、それでね、今期の決算書できたんですけど…銀行に提出したら…」

さあ、こんどはどんな決算書ができたんだろうなー。すぐファックスしてください！

〈プロフィール〉
小堺桂悦郎（こざかい・けいえつろう）
バブル景気といわれた1980年代後半から金融機関の融資係として過ごし、その後、大手税理士事務所に転職。金融機関での経験から、税理士事務所在職中のほとんどを顧問先の銀行対策を含めた資金繰り重視のコンサルティング業務に専任する。2001年末に独立し、2002年4月(有)小堺コンサルティング事務所を設立し、現在にいたる。

趣味は車を3年ごとに変えることをモットーとし、矢沢永吉の大ファンでもあり、今でもライブに通っている！

著書に35万部突破のベストセラー『なぜ、社長のベンツは4ドアなのか?』のほか、『借金バンザイ！～「自転車操業」の極意～』、『粉飾バンザイ！～「決算」&「会計」の裏ワザ！～』『税金バンザイ！～「税金」&「税務調査」の裏ワザ！～』のバンザイシリーズも10万部を突破！『元銀行融資担当が教える資金繰り 借りる技術 返す技術』(いずれもフォレスト出版)、『土壇場の資金繰り』(イーストプレス)、『借金の王道』(ダイヤモンド社)がある。

個別の顧問コンサルティングのほか、電話などによる遠距離相談も行っている。
北は北海道から南は九州・沖縄まで、全国からの資金繰り相談が殺到。
電話、ファックス・Eメールなどを駆使し、遠距離にもかかわらず、その効果をいかんなく発揮。

【ホームページ】 http://www.kozakai-keietsurou.com
（↑大好評の殿堂入りの無料メールマガジンも配信中）

なぜ、社長のベンツは4ドアなのか？～決算書編～

2007年2月12日　　初版発行

著　者　小堺桂悦郎
発行者　太田宏
発行所　フォレスト出版株式会社
〒162-0824 東京都新宿区揚場町2－18　白宝ビル5F
電話　03-5229-5750
振替　00110-1-583004
URL　http://www.forestpub.co.jp

印刷・製本　日経印刷（株）

ISBN978-4-89451-251-1　Printed in Japan
乱丁・落丁本はお取り替えいたします。